Comprenant

[illegible] Problèmes sur l'intérêt simple, les rentes [illegible] l'escompte commercial, l'échéance commune, [illegible] théorie des progressions, le calcul pratique des logarithmes appliqué à la résolution des Problèmes sur l'intérêt composé, les annuités, les rentes viagères, les assurances sur la vie, les tontines, etc.

suivi

d'un choix de Problèmes donnés dans les Facultés aux examens du Baccalauréat ès sciences

Par Ch. S. FINANCE,

[illegible] à l'École Professionnelle de St [illegible]

PARIS,
Mallet-Bachelier, Impr.
Imprimeur du Bureau des longitudes et de l'École Polytechnique,
[illegible] des Grands-Augustins, 55.

St D[illegible]
Maucotel-To[illegible]
et Lithog[illegible]
Freisz, [illegible]

1858.

Complément
de
L'ARITHMÉTIQUE

à l'usage des Écoles supérieures, des Écoles Normales primaires, des petits Séminaires, des Communautés religieuses et des Pensions

comprenant

des Problèmes sur l'intérêt simple, les rentes sur l'état, l'escompte commercial, l'échéance commune, etc. ; la Théorie des progressions, le Calcul pratique des logarithmes appliqué à la résolution des problèmes sur l'intérêt composé, les annuités, les rentes viagères, les assurances sur la vie, les Tontines etc..

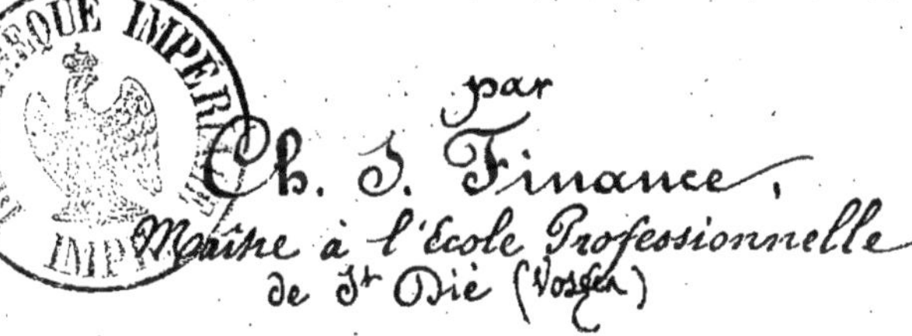

par

Ch. J. Finance,

Maître à l'École Professionnelle de St Dié (Vosges)

Paris,
Mallet-Bachelier,
Imprimeur-Libraire du Bureau des Longitudes et de l'École Polytechnique
55, quai des Augustins

St Dié
Maucotel-Toussaint,
Libraire et Lithographe
Freisz, Libraire

1858

Tout exemplaire du présent ouvrage qui ne porterait pas, comme ci-dessous, la signature de l'auteur sera réputé contrefait.

Finance

St Dié, Impie autoge et Lithoge de Maucotel-Toussaint

Intérêts.

1. Définitions. — On appelle intérêt le bénéfice que procure une somme d'argent que l'on prête pendant un certain temps.

La somme prêtée se nomme capital.

Le taux est l'intérêt de 100 francs placés pendant un an.

L'intérêt est simple lorsque le capital ne change pas, quel que soit le temps pendant lequel il reste placé.

L'intérêt est composé lorsqu'il s'ajoute au capital à la fin de chaque année, pour porter lui-même intérêt.

Remarque. — Dans les problèmes sur les intérêts, on considère l'année comme composée de 360 jours, et le mois de 30 jours.

Intérêt simple.

2. Trouver l'intérêt d'un capital a placé pendant n années, le taux étant représenté par r.

Puisque 100 francs, au bout d'un an, rapportent r francs, 1 franc rapporte $\frac{r}{100}$; le capital a rapporte donc $\frac{r \times a}{100}$, et, au bout de n années,

$$\frac{r \times a \times n}{100} = \frac{arn}{100}.$$

Donc, si on représente par i l'intérêt demandé, on aura la formule

$$i = \frac{arn}{100}.$$

3. De la formule précédente, on déduit

$$a = \frac{i \times 100}{rn},$$

$$r = \frac{i \times 100}{an},$$

$$n = \frac{i \times 100}{ar}.$$

4. Règles. — 1°. Pour trouver l'intérêt d'un capital placé pendant un nombre d'années (entier ou fractionnaire), on multiplie le capital par le taux, ensuite par le nombre des années et on divise le produit par 100.

2°. Pour trouver le capital, on multiplie l'intérêt par 100 et on divise le produit par le taux et ensuite par le nombre des années.

3°. Pour trouver le taux, on multiplie l'intérêt par 100 et on divise le produit par le capital et ensuite par le nombre des années.

4°. Pour trouver le nombre des années, on multiplie l'intérêt par 100 et on divise le produit par le capital et ensuite par le taux.

5. Remarque. On trouve que l'intérêt d'un franc placé pendant 1 jour est

$$\frac{1}{6000}, \frac{1}{7200}, \frac{1}{8000}, \frac{1}{9000}, \frac{1}{12000}, \frac{1}{18000}, \frac{1}{36000},$$

suivant que le taux de l'intérêt est 6, 5, $4\frac{1}{2}$, 4, 3, 2, 1;

par conséquent, l'intérêt d'un capital a placé pendant m jours, est

$$\frac{am}{6000}, \frac{am}{7200}, \frac{am}{8000}, \frac{am}{9000}, \frac{am}{12000}, \frac{am}{18000}, \frac{am}{36000},$$

suivant que le taux est 6, 5, $4\frac{1}{2}$, 4, etc.

6. Règle — Pour trouver l'intérêt d'un capital placé pendant un nombre de jours, on multiplie le capital par le nombre des jours et on divise le produit par 6000, 7200,

8000, 9000, 12000, 18000, 36000, suivant que le taux est 6, 5, 4½, 4, 3, 2, 1.

7. Trouver l'intérêt de 12600 francs placés à 5 pour cent par an pendant 2 ans 8 mois.

$$2 \text{ ans } 8 \text{ mois} = \frac{32}{12} \text{ d'année.}$$

On a (2)

$$i = \frac{12600 \times 5 \times \frac{32}{12}}{100} = \frac{12600 \times 5 \times 32}{100 \times 12} = 1680 \text{ f}^{cs}$$

8. Quel capital faut-il placer à 5 pour cent par an, pendant 2 ans 8 mois, pour retirer au bout de ce temps 1680 francs d'intérêt ?

On a (3)

$$a = \frac{1680 \times 100}{5 \times \frac{32}{12}} = \frac{1680 \times 100 \times 12}{5 \times 32} = 12600 \text{ f}^{cs}$$

9. 12600 francs placés pendant 2 ans 8 mois ont rapporté au bout de ce temps 1680 francs d'intérêt. A quel taux cet argent était-il placé ?

On a (3)

$$r = \frac{1680 \times 100}{12600 \times \frac{32}{12}} = \frac{1680 \times 100 \times 12}{12600 \times 32} = 5 \text{ francs.}$$

10. 12600 francs placés à 5 pour cent par an ont rapporté 1680 francs d'intérêt au bout d'un certain nombre d'années. Quel est ce nombre d'années ?

On a (3)

$$n = \frac{1680 \times 100}{12600 \times 5} = \frac{8}{3} = 2 \text{ ans } 8 \text{ mois.}$$

11. Trouver l'intérêt de 240 francs placés à 6 pour cent par an pendant 20 jours.

On a (5),

$$i = \frac{240 \times 20}{6000} = 0 \text{ f}^{c}, 80.$$

12. Un négociant emprunte 8000 francs; 50 jours après, il emprunte encore 12000 francs, et 130 jours plus tard, 7200 francs; enfin, 120 jours après ce dernier emprunt, il paye le tout avec l'intérêt à 6 pour cent par an. Quelle somme doit-il donner?

Il doit donner 8000 f.cs + 12000 f.cs + 7200 f.cs ou 27200 francs, plus encore

1.° l'intérêt, à 6 pour cent par an, de 8000 francs pour 300 jours;

2.° l'intérêt, à 6 pour cent par an, de 12000 francs pour 250 jours;

3.° l'intérêt, à 6 pour cent par an, de 7200 francs pour 120 jours.

or, l'intérêt de 8000 francs pour 300 jours est $\frac{8000 \times 300}{6000} = \frac{2400000}{6000}$ f.cs;

l'intérêt de 12000 francs pour 250 jours est $\frac{12000 \times 250}{6000} = \frac{3000000}{6000}$ f.cs;

l'intérêt de 7200 francs pour 120 jours est $\frac{7200 \times 120}{6000} = \frac{864000}{6000}$ f.cs.

En tout, $\frac{2400000}{6000} + \frac{3000000}{6000} + \frac{864000}{6000} =$

$\frac{2400000 + 3000000 + 864000}{6000} = \frac{6264000}{6000} = 1044$ francs.

En ajoutant 1044 francs à la somme 27200 f.cs, on obtiendra la somme que le négociant doit payer. Cette somme est 28244 francs.

Opération.

Capitaux	8000	Nomb. de jours	300	Produits	2400000
	12000		250		3000000
	7200		120		864000
Somme	27200			Somme des produits	6264000

Division $\frac{6264000}{6000} = \frac{6264}{6} = 1044$ francs.

Somme des capitaux	27200
Somme des intérêts	1044
Sommes à payer	28244 francs.

13. Règle. — Pour trouver la somme des intérêts de plusieurs capitaux, on multiplie chaque capital par le nombre de ses jours, on fait la somme des produits et on divise cette somme par 6000, 7200, 8000, etc. suivant que le taux est 6, 5, 4½, etc.

Problèmes à résoudre.

1. Trouver l'intérêt de 8400 francs placés à 6 pour cent par an pendant 4 ans.
2. Trouver l'intérêt de 1850 francs placés à 5 pour cent par an pendant 9 ans.
3. Trouver l'intérêt de 12480 francs placés à 4½ pour cent par an pendant 6 ans.
4. Trouver l'intérêt de 2300 francs placés à 4 pour cent par an pendant 7 ans.
5. Trouver l'intérêt de 8640 francs placés à 3 pour cent par an pendant 10 ans.
6. Trouver l'intérêt de 5960 francs placés à 5 pour cent par an pendant 3 ans 8 mois.
7. Trouver l'intérêt de 7920 francs placés à 6 pour cent par an pendant 2 ans 8 mois 25 jours.
8. Trouver l'intérêt de 40590 francs placés à 5 fr., 40 pour cent par an pendant 6 ans 3 mois.
9. Trouver l'intérêt de 25710 francs placés à 4 pour cent par an pendant 3 ans 5 mois 18 jours.
10. Trouver l'intérêt de 2320 francs placés à 6 pour cent par an pendant 321 jours.
11. Trouver l'intérêt de 729 fr., 60 placés à 5 pour cent

par an pendant 140 jours.

12. Trouver l'intérêt de 5260 f^rs, 80 placés à 4 ½ pour cent par an pendant 125 jours.

13. Trouver l'intérêt de 12520 francs placés à 3 pour cent par an pendant 85 jours.

14. Trouver l'intérêt de 2340 francs placés à 4 pour cent par an pendant 40 jours.

15. Pendant combien de temps faut-il placer à 5 f^rs, 65 pour cent par an un capital de 18000 francs pour retirer 2542 f^rs, 50 d'intérêt ?

16 Pendant combien d temps faut-il placer à 3 pour cent par an un capital de 17820 francs pour retirer 1247 francs, 40 d'intérêt ?

17. 18520 francs placés pendant 27 mois ont rapporté au bout de ce temps 1583 f^rs, 46 d'intérêt. A quel taux cet argent était-il placé ?

18. Un capital placé à 5 f^rs, 60 pour cent par an pendant 45 mois a rapporté au bout de ce temps 10206 francs d'intérêt. Quel est ce capital ?

19. Pendant combien d temps faut-il placer à 4 pour cent par an un capital de 12000 francs pour retirer 216 francs d'intérêt ?

20. Pendant combien d temps faut-il placer à 4 f^rs, 80 pour cent par an un capital de 35000 francs pour retirer 2688 f^rs d'intérêt ?

21. Pendant combien de jours faut-il placer à 3 f^rs 60 pour cent par an un capital de 27400 francs pour retirer 232 francs, 90 d'intérêt ?

22. 5500 francs placés pendant 54 jours ont rapporté au bout de ce temps 30 f^rs, 525 d'intérêt. A quel taux cet argent était-il placé ?

23. 128000 francs placés pendant 620 jours ont rapporté au bout de ce temps, 9920 francs d'intérêt. A quel taux cet argent était-il placé ?

24. Un capital placé à 4 f.s, 20 pour cent par an, pendant 8 mois, a rapporté, au bout de ce temps, 1071 francs d'intérêt. Quel est ce capital ?

25. Un capital placé à 5 pour cent par an, pendant 18 mois a rapporté au bout de ce temps 480 francs d'intérêt. Quel est ce capital ?

26. Quel capital faut-il placer à 6 pour cent par an pendant 630 jours, pour retirer, au bout de ce temps, 655 f.s, 389 d'intérêt ?

27. Une personne emprunte une somme de 4800 francs qu'elle devra rembourser dans 15 mois avec l'intérêt à 5 pour cent par an. Quelle sera la somme à payer ?

28. Combien le capital 36200 francs, placé à 4 f.s 50 pour cent par an vaudra-t-il dans 40 mois ?

29. Un capital placé à 3 f.s, 50 pour cent par an vaut, au bout de 26 mois 55125 f.s, 70. Quel est ce capital ? *

30. Combien le capital 15400 francs placé à $\frac{1}{2}$ pour cent par mois vaudra-t-il dans 28 mois ?

31. A quel taux faut-il placer un capital de 6300 francs, pour que ce capital vaille 6720 francs au bout de 16 mois ?

32. Un capital placé à 5 pour cent par an vaut, au bout de 15 mois 13281 f.s, 25. Quel est ce capital ?

33. Combien le capital 55800 francs placé à $\frac{1}{3}$ pour cent par mois vaudra-t-il dans 35 mois ?

34. A quel taux faut-il placer un capital de 4710 francs pour que ce capital vaille 4779 f.s, 08 au bout de 120 jours ?

35. Un capital placé à 4 f.s, 50 pour cent par an vaut, au bout de 32 mois, 140000 francs. Quel est ce capital ?

36. A quel taux faut-il placer un capital de 67500 f.s pour que ce capital vaille 82687 f.s, 50 au bout de 6 ans ?

37. Combien le capital 3720 francs placé à 5 f.s, 50 pour cent par an vaudra-t-il dans 4 ans 7 mois 15 jours ?

---

* Voir l'arithmétique, page 164, problème 16e.

38. 25400 francs placés pendant 27 mois valent au bout de ce temps 28257 fr., 50. Combien 36800 francs placés au même taux vaudront-ils au bout de 30 mois ?

39. Combien le capital 564200 francs placé à $\frac{1}{4}$ pour cent par mois vaudra-t-il dans 11 mois ?

40. Pendant combien de temps faut-il placer à 3 fr., 60 pour cent par an un capital de 1240 fr., 50 pour que ce capital vaille 1307 fr., 487 ?

41. Un capital placé à 6 pour cent par an vaut au bout de 10 ans 5 mois 46312 fr., 50. Quel est ce capital ?

42. Combien le capital 17500 francs placé à 3 fr., 20 pour cent par an, vaudra-t-il dans 8 ans 3 mois ?

43. Un capital placé à 5 pour cent par an vaut, au bout de 2 ans 8 mois 20 jours, 14417 fr., 25. Quel est ce capital ?

44. Combien le capital 145900 fr. placé à 4 fr., 80 pour cent par an, vaudra-t-il dans 20 mois ?

45. Un capital placé à $\frac{1}{2}$ pour cent par mois vaut, au bout de 18 mois, 92650 francs. Quel est ce capital ?

46. 12400 francs placés pendant 2 ans 3 mois 6 jours valent, au bout de ce temps, 14086 fr., 40. Combien 16800 francs placés au même taux vaudront-ils au bout de 3 ans 6 mois ?

47. 13500 francs placés pendant 15 mois valent, au bout de ce temps 14478 fr., 75. Combien 10600 francs placés au même taux vaudront-ils au bout de 27 mois ?

48 Une personne emprunte une somme de 930 francs ; 25 jours après, elle emprunte encore 450 francs, et 40 jours plus tard, une autre somme de 210 francs ; enfin, 50 jours après ce dernier emprunt, elle rembourse le tout avec l'intérêt à 6 pour cent par an. Quelle somme doit-elle donner ?

49. Une personne place six capitaux, savoir : 25000 francs, pendant 90 jours ; 2700 francs, pendant 80 jours ; 3600 francs, pendant 70 jours ; 5400 francs, pendant 75 jours ; 1800 francs, pendant 120 jours, et 1530 francs pendant 125 jours. Trouver la somme des intérêts.

50. Un négociant place 25000 francs chez un banquier. Dix jours après, il retire 1400 francs ; dix jours plus tard, 1540 francs, et ainsi de suite, de dix jours en dix jours, il retire successivement 1850 fr., 1410 francs, 1380 francs, 2330 francs, 3840 francs, 1260 francs, 860 francs, 740 francs, 590 francs, 420 francs et 680 francs ; enfin, 40 jours après, il règle son compte avec le banquier. On demande combien lui doit le banquier, l'intérêt étant à $4\frac{1}{2}$ pour cent par an.

Rentes sur l'Etat*.

14. Les rentes sur l'Etat sont les intérêts des capitaux prêtés au Gouvernement : ce qui constitue la dette publique.

Les rentes sur l'Etat sont de deux sortes : le $4\frac{1}{2}$ pour cent et le 3 pour cent.

Le possesseur d'un titre de rentes ne peut exiger de l'Etat le remboursement du capital. Toutefois, s'il veut rentrer dans ses fonds, il a la faculté de pouvoir céder son titre de rentes à un tiers, celui-ci à un autre, et ainsi de suite. Ces sortes d'opérations se font publiquement à la Bourse de Paris, sous la surveillance du Gouvernement, et par l'intermédiaire des agents de change, nommés à cet effet.

Un titre de rentes pouvant être vendu, comme toute

---

* Origine des rentes sur l'Etat. — La Convention nationale décréta, sur la proposition de Cambon (août 1793), que la dette publique serait convertie en une rente perpétuelle, et tous les anciens titres des créanciers de l'Etat en une inscription sur un grand livre qui serait appelé Grand-livre de la dette publique. Les créanciers furent contraints, sous peine de perdre les capitaux qui leur étaient dus, de remettre leurs titres, qui furent inscrits et brûlés ensuite. Ils reçurent en échange, un extrait de l'inscrip-

marchandise, le prix varie suivant les circonstances, ce qui produit la hausse et la baisse.

Les problèmes relatifs aux rentes sur l'État sont des problèmes d'intérêt simple faciles à résoudre.

15. Une personne achète du $4 \frac{1}{2}$ pour cent au cours de 98 fr., 60. A quel taux place-t-elle son argent ?

L'énoncé de ce problème revient à celui-ci :

A quel taux faut-il placer 98 fr., 60 pour que ce capital rapporte, chaque année, 4 fr., 50 d'intérêt ?

Réponse : 4 fr., 56...

16. Combien coûtent 450 francs de rentes 3 pour cent au cours de 58 fr., 70 ?

Si 3 francs de rentes coûtent 58 fr., 70, un franc de rente coûtera $\frac{58,70}{3}$, et 450 francs de rentes coûteront

$$\frac{58.70 \times 450}{3} = 8805 \text{ francs.}$$

---

tion de leurs créances. Le taux de la rente fut fixé à 5 pour cent. Ainsi le créancier d'une somme de 1000 francs fut inscrit sur le Grand-livre pour une rente de 50 francs.

Le 14 mars 1852, le Président de la République, sur le rapport du Ministre des finances, Mr. Bineau, décréta qu'à l'avenir le taux de la rente 5 pour cent serait réduit à $4 \frac{1}{2}$.

Les émigrés rentrés en France, sous la Restauration, réclamèrent une indemnité pour la perte de leurs anciens domaines. Les réclamations admises s'élevèrent à près d'un milliard. La Chambre vota un milliard. Mais comme il était impossible de payer un pareil capital, on se contenta d'en servir la rente, qu'on inscrivit à 3 pour cent, pour 30 millions, au livre de la dette publique. Ce fut là l'origine du 3 pour cent.

Problèmes à résoudre.

1. Une personne achète du 4 ½ pour cent au cours de 93 fr., 40. A quel taux place-t-elle son argent ?

2. Combien coûtent 900 francs de rentes 4 ½ pour cent au cours de 99 fr., 20 ?

3. Combien coûtent 270 francs de rentes 3 pour cent au cours de 56 fr., 60 ?

4. Combien pourra-t-on acheter de rentes 4 ½ pour cent au cours de 103 fr., 50 pour une somme de 41400 francs ?

5. Si le 4 ½ pour cent est au cours de 97 fr., 50, quel doit être le cours correspondant du 3 pour cent ?

6. Si le 3 pour cent est au cours de 61 fr., 20, quel doit être le cours correspondant du 4 ½ pour cent ?

7. Combien coûtent 6000 francs de rentes 3 pour cent au cours de 72 fr., 40 ?

8. Le 3 pour cent est au cours de 74 fr., 20. Combien aura-t-on de rentes 3 pour cent pour 55650 francs ?

9. Un spéculateur achète 12000 francs de rentes 4 ½ pour cent au cours de 102 fr., 30 ; il les revend au cours de 103 fr., 50. Combien gagne-t-il ?

10. Une personne achète 8500 fr. de rentes 3 pour cent au cours de 65 francs, 40 ; elle les revend au cours de 59 fr., 60. Quel est la perte ?

11. On a payé 151040 francs pour avoir 6400 francs de rentes 4 ½ pour cent. Quel était le cours de la rente ?

12. On a payé 136880 francs pour avoir 5900 francs de rentes 3 pour cent. Quel était le cours de la rente ?

13. A quel taux place-t-on son argent quand on achète du 4 ½ pour cent au cours de 104 fr., 30 ?

14. A quel taux place-t-on son argent quand on achète du 4 ½ pour cent au cours de 98 fr., 70 ?

15. Si le 4 ½ pour cent est au cours de 106 fr., 50, quel doit être le cours correspondant du 3 pour cent ?

16. Si le 3 pour cent est au cours de 75 fr., 30, quel doit

être le cours correspondant du 4 ½ pour cent ?

17. Une personne achète 2250 francs de rentes 4 ½ pour cent au cours de 99 f.ⁿ, 75 ; elle les revend au cours de 99 f.ⁿ, 30. Quelle est la perte ?

18. Une personne achète 870 francs de rentes 3 pour cent au cours de 57 f.ⁿ, 40 ; elle les revend au cours de 59 f.ⁿ, 10. Quel est le gain ?

19. Si le cours du 4 ½ pour cent s'élève de 102 f.ⁿ, 40 à 103 f.ⁿ, 20, quelle doit être la hausse correspondante du 3 pour cent ?

20. Si le cours du 4 ½ pour cent baisse de 101 f.ⁿ, 40 à 100 francs, 80, quelle doit être la baisse correspondante du 3 pour cent ?

Escompte commercial.

17. On appelle Escompte la retenue qu'on fait sur un billet que l'on paye avant son échéance.

* L'escompte en dehors ou commercial est égal à l'intérêt simple de la somme portée sur le billet pour le temps qui reste à s'écouler depuis le jour où l'on veut toucher la valeur de ce billet jusqu'à celui de l'échéance.

Les problèmes sur l'escompte commercial se résolvent comme les problèmes d'intérêt simple, donc (2, 3.)

1.° Pour trouver l'escompte d'une somme payable dans un nombre d'années, il suffit de multiplier cette somme par le taux, ensuite par le nombre des années et de diviser le produit par 100.

2.° Pour trouver le capital, il suffit de multiplier l'escompte par 100, de diviser le produit par le taux et ensuite par le nombre des années.

3. Pour trouver le taux, il suffit de multiplier l'escompte

* Arithmétique, page 165.

par 100, de diviser le produit par le capital et ensuite par le nombre des années.

4°. Pour trouver le temps, il suffit de multiplier l'escompte par 100, de diviser le produit par le capital et ensuite par le taux.

5°. Pour trouver l'escompte d'une somme payable dans un nombre de jours, il suffit de multiplier cette somme par le nombre des jours et de diviser le produit par 6000, 7200, 8000, 9000, 12000, 18000, 36000, suivant que le taux de l'escompte est 6, 5, $4\frac{1}{2}$, 4, 3, 2, 1.

6°. Pour trouver la somme des escomptes de plusieurs capitaux il suffit de multiplier chaque capital par le nombre de jours qui restent à s'écouler jusqu'à l'échéance, de faire la somme des produits et de diviser cette somme par 6000, 7200, 8000, etc, suivant que le taux est 6, 5, $4\frac{1}{2}$, etc.

18. Escompter à 5 pour cent par an un billet de 3870 francs payable dans 18 mois.

18 mois $= \frac{18}{12}$ d'année. Pour trouver l'escompte de 3870 francs, payables dans 18 mois, il suffit de multiplier 3870 par 5, ensuite par $\frac{18}{12}$, et de diviser le produit par 100; ce qui donne

$$\frac{3870 \times 5 \times 18}{12 \times 100} = 290^{f^r},25^c.$$

La valeur actuelle du billet est donc $3870 - 290,25 = 3579^{f^r},75$.

19. Un billet payable dans 18 mois, escompté à 5 pour cent par an donne $290^{f^r},25$ d'escompte. Trouver la somme portée sur ce billet.

Pour trouver la somme portée sur ce billet, il suffit de multiplier 290,25 par 100, de diviser le produit par 5 et ensuite par $\frac{18}{12}$; ce qui donne

$$\frac{290,25 \times 100}{5 \times \frac{18}{12}} = \frac{290,25 \times 100 \times 12}{5 \times 18} = 3870 \text{ francs.}$$

20. On a escompté un billet de 3870 francs payable dans 18 mois, ce qui a donné 290 francs, 25 d'escompte. Trouver le taux.

Pour trouver le taux de l'escompte, il suffit de multiplier 290,25 par 100, de diviser le produit par 3870 et ensuite par $\frac{18}{12}$; ce qui donne

$$\frac{290,25 \times 100}{3870 \times \frac{18}{12}} = \frac{290,25 \times 100 \times 12}{3870 \times 18} = 5 \text{ francs.}$$

21. On a escompté à 5 pour cent par an un billet de 3870 f.^{rs}, ce qui a donné 290 f.^{rs}, 25 d'escompte. Dans combien de temps ce billet était-il payable ?

Pour trouver le temps, il suffit de multiplier 290,25 par 100, de diviser le produit par 3870 et ensuite par 5 ; ce qui donne

$$\frac{290,25 \times 100}{3870 \times 5} = 1 \text{ an } \frac{1}{2} = 18 \text{ mois.}$$

22. Escompter à 5 pour 100 par an un billet de 3600 f.rs payable dans 40 jours.

Pour trouver l'escompte, il suffit de multiplier 3600 par 40 et de diviser le produit par 7200 ; ce qui donne

$$\frac{3600 \times 40}{7200} = 20 \text{ francs.}$$

La valeur actuelle du billet est donc 3600 − 20 = 3580 francs.

23. Quelle somme doit-on recevoir en échange de quatre billets, savoir : le premier, de 3800 francs, payable dans 160 jours ; le deuxième, de 4000 francs, payable dans 180 jours, et les deux autres, de 5600 francs, payables, le premier dans 110 jours et le second dans 240 jours, le taux de l'escompte étant 6 pour cent par an ?

Pour trouver la somme des escomptes, il suffit de multiplier 3800 par 160, 4000 par 180, 5600 par 110, et 5600 par 340, ce qui donne les produits 608000, 720000, 616000 et 1904000 ; de faire la somme de ces produits, ce qui donne 3848000, et de diviser cette somme par 6000, ce qui donne enfin 641 f.cs 333...

Or, 3800 + 4000 + 5600 + 5600 = 19000 ; donc la somme à recevoir est égale à 19000 − 641,33 = 18358 f.cs, 67.

Opérations.

Capitaux	nomb. de jours	Produits
3800	160	608000
4000	180	720000
5600	110	616000
5600	340	1904000
Somme 19000		Somme 3848000

Division $\frac{3848000}{6000} = 641,333...$

Somme des Capitaux	19000
Somme des escomptes	641,33
Somme à recevoir	18358 f.cs, 67.

24. Un billet payable dans 7 mois, escompté à 6 pour cent par an, a été réduit à 1215 f.cs, 90. Quelle était la somme portée sur le billet ?

L'escompte de 1 franc payable dans 7 mois est $\frac{1 \times 6 \times 7}{12 \times 100} = 0$ f.c, 035 ;

donc 1 franc payable dans 7 mois, escompté à 6 pour cent par an, serait réduit à 1 f.c − 0 f.c, 035 = 0 f.c, 965 ;

donc la somme 0 f.c, 965 correspond à 1 franc

1 franc correspond à $\frac{1 \text{ f.c}}{0,965}$

et la somme 1215 f.cs, 90 correspond à $\frac{1215,90}{0,965} = 1260$ f.cs

Problèmes à résoudre.

1. Escompter à 5 pour cent par an un billet de 600 francs payable dans 7 mois.

2. Escompter à 5 f.cs, 50 pour cent par an un billet de 1200 f.cs payable dans 45 jours.

3. Escompter à 4 pour cent par an un billet de 270 francs payable dans 3 mois.

4°. Escompter à $\frac{1}{2}$ pour cent par mois un billet de 300 francs payable dans 5 mois.

5°. Escompter à 6 pour cent par an un billet de 450 francs payable dans 60 jours.

6°. Escompter à 5 pour cent par an un billet de 1240 francs payable dans 80 jours.

7°. Escompter à $4\frac{1}{2}$ pour cent par an un billet de 2400 f.cs payable dans 120 jours.

8°. Escompter à 4 pour cent par an un billet de 1860 francs payable dans 40 jours.

9°. Escompter à 3 pour cent par an un billet de 620 francs payable dans 130 jours.

10°. Un marchand achète 125 hectolitres de vin, à raison de 50 francs l'hectolitre, et 40 hectolitres d'alcool, à raison de 130 francs l'hectolitre : il doit payer dans 3 mois ; or, il paye comptant et profite d'un escompte de 8 pour cent par an. Quel est cet escompte ?

11. Quel est l'escompte d'un billet de 3860 francs payable dans 15 mois, escompté à 7 pour cent par an ?

12. Un fabricant vend 530 mètres d'étoffe à 4 f.cs, 50 le mètre et à 4 mois de terme : on le paye comptant en profitant d'un escompte de 6 pour cent par an. Quelle somme reçoit-il ?

13. On reçoit deux billets, l'un de 620 francs, payable dans 3 mois ; l'autre, de 850 francs, payable dans 6 mois, en échange d'un billet de 1436 francs, payable dans 9 mois. Le taux de l'escompte étant 5 pour cent par an, y a-t-il bénéfice ou perte ? et combien ?

14. Un banquier escompte à 8 pour cent par an un billet de

1800 francs payable dans 15 mois. Quelle est la somme à toucher?

15. Un billet payable dans 36 jours, escompté à $4\frac{1}{2}$ pour cent par an, a été réduit à 1144 f.^{cs} 825. Quelle était la somme portée sur ce billet?

16. Un négociant achète pour 2500 francs de marchandise, à 6 mois de terme; il paye après 45 jours et obtient une remise de 10 pour cent sur le prix de sa marchandise, et un escompte de 6 pour 100 par an. Quelle somme donne-t-il?

17. Quelle est la valeur actuelle d'un billet de 875 francs payable dans 64 jours, l'escompte étant à 4 f.^{cs} 50 pour cent par an?

18. Quelle est la valeur actuelle d'un billet de 940 francs, payable dans 85 jours, l'escompte étant à 4 pour cent par an?

19. On paye un billet de 700 francs 72 jours avant l'échéance, en profitant d'un escompte de 5 pour cent par an. Quelle somme donne-t-on?

20. Un billet payable dans 50 jours, escompté à $4\frac{1}{2}$ pour cent, par an, a été réduit à 417 f.^{cs} 375. Quelle était la somme portée sur ce billet?

21. Un marchand achète pour 3625 francs de marchandise à 3 mois de terme. Il paye comptant et obtient une remise de 8 pour cent sur le prix de sa marchandise. Quelle est cette remise?

22. Un billet de 1857 f.^{cs} 50 payable dans 14 mois a été réduit à 1662 f.^{cs} 4625. Trouver le taux de l'escompte.

23. Un billet de 720 francs escompté à 8 pour cent par an a été réduit à 713 f.^{cs} 60. Dans combien de temps ce billet était-il payable?

24. Un billet payable dans 60 jours, escompté à 4 f.^{cs} 50 pour cent par an, a été réduit à 178 f.^{cs} 65. Quelle était la somme portée sur ce billet?

25. Un billet de 1200 francs payable dans 72 jours a été réduit à 1189 f.^{cs} 20. Trouver le taux de l'escompte.

26. On a escompté à 6 pour cent par an un billet payable dans 80 jours, ce qui a donné 7 f.^{cs} 20 d'escompte. Trouver la somme portée sur ce billet.

27. Un billet de 480 francs, escompté à $4\frac{1}{2}$ pour cent par an a été réduit à 475 f.cs, 80. Dans combien de jours ce billet était-il payable ?

28. Un négociant achète 320 hectolitres de vin qu'il doit payer dans 9 mois ; or, il paye comptant et obtient un escompte de 8 pour cent par an. Le prix se trouve alors réduit à 14476 f.cs Quel était le prix de l'hectolitre de vin ?

29. On a acheté 25 mètres de drap à 24 francs le mètre, à 40 jours de terme ; 50 mètres de toile à 4 f.cs, 50 le mètre, à 60 jours de terme ; 150 mètres de calicot à 1 f., 25 le mètre, à 72 jours de terme, et 12 pièces de coutil de 30 mètres chacune à 1 f., 30 le mètre, à 90 jours de terme. 20 jours après, on paye le tout en profitant d'un escompte de 6 pour cent par an. Quelle somme donne-t-on ?

30. Un négociant achète des marchandises au comptant pour une somme de 18620 francs. Il paye en donnant 1.° un billet de 1500 francs payable dans 40 jours ; 2.° un billet de 2400 francs payable dans 50 jours ; 3.° un billet de 3600 f.cs payable dans 70 jours ; 4.° un billet de 5800 francs payable dans 54 jours ; 5.° un billet de 2800 francs payable dans 80 jours, et 6.° une somme d'argent. Quelle est cette somme, le taux de l'escompte étant $4\frac{1}{2}$ pour cent par an ?

Échéance commune.

25. On doit payer un capital a dans m jours et un capital b dans n jours. On voudrait ne faire qu'un seul payement : dans combien de jours devra-t-on le faire pour qu'il n'en résulte ni gain ni perte ?

Soit x le nombre de jours demandé, et soit y l'intérêt d'un franc pour un jour.

L'intérêt du capital a pour un jour est $y \times a$, et pour m jours, $y \times a \times m$ ou yam.

De même, l'intérêt du capital b pour n jours est

ybn, et l'intérêt du capital $a+b$ pour x jours est $y(a+b)x$.

D'après l'énoncé de la question, l'intérêt $y(a+b)x$ doit être égal à la somme des intérêts yam et ybn. On a donc l'égalité,

$$y(a+b)x = yam + ybn,$$

et, en divisant chaque membre par y,

$$(a+b)x = am + bn;$$

divisant ensuite chaque membre de l'égalité par $a+b$, il vient

$$x = \frac{am+bn}{a+b}.$$

La valeur de x donne le nombre des jours qui doivent s'écouler jusqu'à l'échéance commune des deux capitaux a et b.

26. Pour trouver l'échéance commune de plusieurs capitaux, on multiplie chaque capital par le nombre des jours qui restent à s'écouler jusqu'à l'échéance, on fait la somme des produits et on divise cette somme par la somme des capitaux.

27. Une personne doit 1° un billet de 1200 francs payable dans 90 jours, 2° un billet de 4800 francs payable dans 180 jours, 3° un billet de 8400 francs payable dans 240 jours et 4° un billet de 3600 francs payable dans 540 jours. Elle voudrait ne faire qu'un seul payement : à quelle époque devra-t-elle le faire?

Opérations.

	Capitaux.	Nomb. de jours.		Produits.
	1200	90		108000
	4800	180		864000
	8400	240		2016000
	3600	540		1944000
Somme	18000.		Somme	4932000.

Division $\frac{4932000}{18000} = 274$ jours.

Problèmes à résoudre.

1. On doit payer 450 francs dans 55 jours, 180 francs dans 50 jours, 750 francs dans 45 jours et 120 francs dans 75 jours. Trouver l'époque de l'échéance commune.

2. Un commerçant doit à un banquier : 5400 francs payables dans 8 mois, 1250 francs payables dans 12 mois, 3000 francs payables dans 15 mois, 6500 francs payables dans 21 mois et 1850 francs payables dans 18 mois. Il demande de ne faire qu'un seul payement : à quelle époque devra-t-il le faire ?

3. Une personne doit 1° un billet de 560 francs payable dans 18 mois ; 2° un billet de 1480 francs payable dans 72 mois, 3° un billet de 3240 francs payable dans 32 mois, 4° un billet de 1080 francs payable dans 40 mois et 5° un billet de 840 francs payable dans 3 ans. Elle voudrait ne faire qu'un seul payement : à quelle époque devra-t-elle le faire ?

4. On doit payer 1125 francs dans 96 jours et 3375 francs dans 80 jours. Trouver l'époque de l'échéance commune.

5. Un marchand doit payer 2430 francs dans 140 jours, 1170 francs dans 210 jours, 2160 francs dans 175 jours et 540 francs dans 280 jours. Quelle est l'échéance commune de ces quatre payements ?

6. Un négociant doit à un banquier sept billets de 500 f.cs payables : le premier, dans 21 jours ; le deuxième dans 35 jours ; le troisième, dans 56 jours ; le quatrième, dans 84 jours ; le cinquième, dans 140 jours ; le sixième dans 168 jours, et le septième dans 196 jours. Il propose de ne faire qu'un seul payement : à quelle époque devra-t-il le faire ?

7. Une personne doit payer 1400 francs dans 40 jours, 1200 francs dans 30 jours, 1850 francs dans 45 jours, 840 francs dans 60 jours, 952 f.cs 50 dans 80 jours, 768 f.cs 80 dans 50 jours, 1883 f.cs 60 dans 65 jours, 243 f.cs 95 dans 120 jours et 1723 f.cs 85 dans 145 jours. Trouver l'époque de l'échéance commune.

Partages proportionnels.

28. Partager un nombre A en quatre parties x, y, z et u proportionnelles aux nombres m, n, p, q.

D'après l'énoncé de la question, on a la suite de rapports égaux,

$$\frac{m}{x}=\frac{n}{y}=\frac{p}{z}=\frac{q}{u};$$

or, dans une suite de rapports égaux, la somme des numérateurs et celle des dénominateurs forment un rapport égal aux premiers, donc

$$\frac{m+n+p+q}{x+y+z+u}=\frac{m}{x}=\frac{n}{y}=\frac{p}{z}=\frac{q}{u}.$$

La somme des parts $x+y+z+u$ étant égale à la somme à partager A, on a

$$\frac{m+n+p+q}{A}=\frac{m}{x}=\frac{n}{y}=\frac{p}{z}=\frac{q}{u};$$

ce qui donne,

$$x=\frac{Am}{m+n+p+q},$$

$$y=\frac{An}{m+n+p+q},$$

$$z = \frac{Ap}{m+n+p+q},$$

$$u = \frac{Aq}{m+n+p+q}.$$

29. Règle. — Pour partager un nombre en parties proportionnelles à des nombres donnés, on multiplie ce nombre par chacun des nombres donnés, et on divise chaque produit par la somme de ces nombres.

Problèmes à résoudre.

1. Partager 8000 francs en 3 parties proportionnelles aux nombres 4, 5, 7.

2. Partager 18900 francs en 3 parties proportionnelles aux nombres 3, 7, 11.

3. Partager 9200 f^rs en 4 parties proportionnelles aux nombres 4, 9, 15, 18.

4. Partager 12600 francs en 5 parties proportionnelles aux nombres 6, 7, 4, 9, 11.

5. Partager 60000 francs en 4 parties proportionnelles aux nombres 13, 19, 23, 29.

6. Une personne laisse une somme de 262500 francs à partager entre 3 frères, 5 nièces et 7 neveux. Chaque nièce doit prendre une part égale; la somme des parts des 7 neveux doit être le double de la somme des parts des 5 nièces, et la somme des parts des 3 frères doit être le quart de la somme des parts des 5 nièces et des 7 neveux. Quelle est la part de chaque héritier?

7. En fondant ensemble 5 parties de plomb, 3 d'étain et 8 de bismuth, on obtient un alliage qui se liquéfie à 98 degrés centigrades, (température moindre que celle de l'eau bouillante). Combien faudrait-il employer de plomb, d'étain et de bismuth pour composer un alliage de 1760 grammes?

8. En fondant ensemble 1 partie de plomb, 1 partie d'étain et 2 de bismuth, on obtient un autre alliage

qui se liquéfie à 93,75 degrés centigrades. Combien y a-t-il de plomb, d'étain et de bismuth dans 420 grammes de cet alliage ?

9. Le métal des cloches renferme 78 parties de cuivre et 22 d'étain. Combien y a-t-il de cuivre et d'étain dans une cloche de 1500 kilogrammes ?

10. Le métal connu sous le nom d'argent allemand ou maillechort se compose de 100 parties de cuivre, 60 de zinc et 40 de nickel. Combien y a-t-il de cuivre de zinc et de nickel dans 640 grammes de ce métal ?

11. L'alliage employé pour les caractères d'imprimerie se compose de 762 parties de plomb et 238 parties d'antimoine. Combien y a-t-il de plomb et d'antimoine dans 780 grammes de cet alliage ?

12. La poudre est un mélange intime, et à proportions déterminées, de salpêtre, de charbon et de soufre. Les proportions sont en France : pour la poudre de guerre, 75 salpêtre, 12,5 charbon, 12,5 soufre ; pour la poudre de chasse, 76,9 salpêtre, 13,5 charbon, 9,6 soufre ; pour la poudre de mine, 62 salpêtre, 18 charbon, 20 soufre.* On demande combien il entre de salpêtre, de charbon et de soufre dans 1° 80 kilogrammes de poudre de guerre, 2° 45 kilogrammes de poudre de chasse, et 3° 250 kilogrammes de poudre de mine.

13. Les mises de quatre associés sont 800 francs, 900 francs, 1200 francs et 1500 francs ; le bénéfice à partager est 2640 francs. Trouver la part de bénéfice de chacun.

14. La somme des mises de quatre associés est 4700 francs ; la part de bénéfice du premier est 350 francs ; celle du deuxième, 550 francs ; celle du 3e, 650 francs ; celle du 4e, 800 francs. Quelle était la mise de chacun ?

15. Deux marchands se sont associés : le premier a mis 5200 francs, et 5 mois après, il a ajouté 3500 francs ; le second a mis d'abord 12400 francs, et 3 mois après, il a retiré

---

* Regnault. Premiers éléments de chimie.

6800 francs. La société a duré 20 mois, et le bénéfice à partager est 15022 fr., 80 : quelle est la part de chacun ?

16. Trois négociants ont formé une société qui a duré 2 ans : le premier a mis 20000 francs et 12 mois après, il a ajouté 12000 francs ; le deuxième qui avait mis d'abord 28000 francs, a retiré 10 mois après, 13000 francs ; le troisième a mis 18000 francs, qui sont restés dans la société tout le temps qu'elle a duré. Ils ont fait un bénéfice de 44524 fr., 80. Trouver la part de bénéfice de chacun.

Moyenne de plusieurs quantités.

30. Définition. — On appelle moyenne de plusieurs quantités le quotient que l'on obtient en divisant la somme de ces quantités par leur nombre.

31. Trouver la moyenne des nombres 27, 29, 35, 37.

D'après la définition précédente, la moyenne demandée est

$$\frac{27+29+35+37}{4}=\frac{128}{4}=32.$$

Problèmes à résoudre.

1. Trouver la moyenne des nombres 14, 17, 24, 29, 36.
2. Trouver la moyenne des nombres 254, 862, 524, 246.
3. On a mesuré cinq fois une même distance : la première fois on a trouvé 17mèt., 80 ; la seconde, 18 mètres ; la troisième, 17m. 85 ; la quatrième, 18m. 05, et la cinquième 17m., 90. Quelle est la longueur moyenne ?
4. On a acheté 3 kilogrammes de sucre à 3 fr., 75 le kilogramme, 2 kilog. à 3 fr., 50 ; 4 kilog. à 2 fr., 15, et 1 kilog. à 1 f. 25. Quel est le prix moyen du kilogramme ?
5. Un ouvrier travaille pendant 6 jours : le premier jour, il gagne 2 fr., 25 ; le deuxième jour, 3 fr., 60 ; le troisième jour, 1 fr. 80 ; le quatrième jour 3 fr., 15 ; le cinquième jour, 4 fr. 50, et le sixième jour, 2 fr. 90. Trouver la moyenne.

Alliages.

32. Lorsqu'on fond ensemble plusieurs métaux, on obtient un alliage.

Le titre d'un alliage par rapport à l'un des métaux qui le composent est le rapport du poids de la quantité de ce métal contenue dans l'alliage au poids de l'alliage entier.

Par exemple, si l'on fait un alliage avec 9 grammes d'argent pur et 1 gramme de cuivre, le poids de l'alliage sera 10 grammes, et le rapport du poids de l'argent pur au poids de l'alliage sera celui de 9 à 10, ou $\frac{9}{10}$. Le titre de cet alliage sera donc $\frac{9}{10}$ par rapport à l'argent.

Les alliages d'argent et les alliages d'or employés pour les monnaies, les objets d'orfèvrerie et de bijouterie, sont soumis à un titre légal, réglé par la loi, et garanti par un poinçonnage pour l'orfèvrerie et la bijouterie.

La monnaie d'argent de France est au titre de 0,900 par rapport à l'argent, c'est à dire qu'elle doit renfermer 900 parties d'argent et 100 de cuivre. Mais comme il serait difficile, en fondant les métaux, d'obtenir exactement ce titre, la loi accorde une tolérance de 0,002 au-dessus et 0,002 au dessous du titre légal. Ainsi, un alliage d'argent et de cuivre au titre de 0,902 ou de 0,898 par rapport à l'argent est encore accepté, tandis qu'un alliage d'argent et de cuivre au titre de 0,903 ou de 0,897 est refusé.

La loi accorde également une tolérance sur le poids des pièces d'argent : cette tolérance est les 0,003 du poids, en plus ou en moins, pour les pièces de 5 francs ; 0,005 pour les pièces de 2 francs et de 1 franc ; 0,007 pour les pièces de 50 centimes et 0,010 pour les pièces de 20 centimes.

La monnaie d'or de France est au titre de 0,900 par rapport à l'or. La loi accorde une tolérance de 0,002 au-dessus et 0,002 au-dessous du titre légal. La tolérance sur le poids des pièces d'or est de 0,002 du poids, en plus ou en moins.

Le titre des médailles d'argent est 0,950 par rapport à l'argent, et celui des médailles d'or, 0,916 par rapport à l'or. La tolérance est 0,002 comme pour les monnaies.

La loi ne reconnaît que deux titres pour les ouvrages d'argent : le premier est 0,950 pour la vaisselle d'argent, le second 0,800 pour la petite bijouterie d'argent, avec une tolérance de 0,005 au-dessous du titre légal ; et trois titres pour la bijouterie d'or : le premier est 0,920, le second 0,840 et le troisième 0,750, avec une tolérance de 0,003 au-dessous du titre légal. Elle ne fixe pas de limite supérieure.*

Problèmes à résoudre.

1. Quel est le titre d'un alliage composé de 5 kilogrammes d'argent au titre de 0,90 par rapport à l'argent, 8 kilogrammes au titre de 0,85 et 7 kilog. au titre de 0,75 ?

2. Combien faut-il ajouter d'argent pur à l'alliage précédent pour élever le titre à 0,950 ?

3. Combien faut-il ajouter de cuivre à un lingot de 36 kilog. d'alliage d'argent et de cuivre, au titre de 0,920 par rapport à l'argent, pour abaisser le titre à 0,900 ?

4. Combien faut-il ajouter d'argent pur à un lingot de 18 kilogrammes d'alliage d'argent et de cuivre au titre de 0,750 par rapport à l'argent, pour élever le titre à 0,800 ?

5. Quel est le titre d'un alliage composé de 18 grammes d'or au titre de 0,85 par rapport à l'or, 15 grammes au

* Extrait des premiers éléments de chimie de M. Regnault et de l'annuaire du Bureau des longitudes.

titre de 0,75, 35 grammes au titre de 0,90 et 22 grammes au titre de 0,45?

6. On fait un alliage avec 14 grammes d'argent au titre de 0,85 par rapport à l'argent, 17 grammes au titre de 0,75, 22 grammes au titre de 0,90, 30 grammes au titre de 0,78 et 17 grammes au titre de 0,95. Quel est le titre de cet alliage par rapport à l'argent?

7. On fait un alliage avec 12 hectogrammes au premier titre (il est question ici du titre légal), 15 hectogrammes d'or au deuxième titre et 13 hectogrammes d'or au troisième titre. Quel est le titre de cet alliage par rapport à l'or?

8. On veut faire un alliage d'or et de cuivre au deuxième titre, pesant 221 grammes, avec de l'or au premier titre et de l'or au troisième titre. Combien faudra-t-il prendre d'or au premier titre et combien au troisième titre?

9. Combien faut-il prendre d'or au premier titre, combien au deuxième titre et combien au troisième titre, pour composer un alliage de 10 hectogrammes au titre des monnaies d'or?

Problèmes sur les monnaies.

10. Trouver la plus grande quantité d'argent pur qui peut être contenue dans une pièce d'argent de 5 francs.

11. Déterminer le poids de la pièce de 20 francs, sachant que 20 francs en argent pèsent 100 grammes, et qu'un gramme d'or monnayé vaut 15,5 grammes d'argent monnayé.

12. Quelle est la plus grande quantité d'or qui peut être contenue dans une pièce de 20 francs?

13. Quelle est la plus petite quantité d'or qui peut être contenue dans une pièce de 10 francs?

14. Quel est le poids le plus faible que peut avoir une pièce d'argent de 5 francs?

15. Quel est le poids le plus fort que peut avoir une pièce de 2 francs?

16. Quelle est la plus petite quantité d'argent pur qui peut être contenue dans une pièce d'un franc?

17. On demande le poids le plus faible et le poids le plus fort que peuvent avoir les pièces d'or de 100 francs, de 50 francs, de 20 francs, de 10 francs et de 5 francs.

18. On demande le poids le plus faible et le poids le plus fort que peut avoir une pièce de 50 centimes.

19. Le prix de fabrication d'un kilogramme d'argent monnayé étant fixé à 2 francs, on demande ce que vaut 1 kilog. d'argent pur, au change des monnaies.

20. Le prix de fabrication d'un kilog. d'or monnayé étant fixé à 6 francs, on demande ce que vaut 1 kilog. d'or pur, au change des monnaies.

21. Combien payerait-on, au change des monnaies, un vase d'argent au premier titre, pesant 2 kilog., 500 ?

22. Combien payerait-on, au change des monnaies, un vase d'or au deuxième titre, pesant 4 kilog., 20 ?

Progressions.

Progressions par différence.

33. On appelle progression par différence une suite de nombres tels que la différence de deux nombres consécutifs est constante. Cette différence est appelée **raison**, et chaque nombre, *terme* de la progression.

34. La progression est dite *croissante* lorsque ses termes vont en croissant, et *décroissante*, lorsque ses termes vont en décroissant.

La suite de nombres

3, 6, 9, 12, 15, 18, 21, 24

est une progression par différence croissante dont la raison est 3. Ces mêmes nombres écrits dans l'ordre inverse

24, 21, 18, 15, 12, 9, 6, 3

forment une progression par différence décroissante.

35. Dans toute progression par différence croissante, chaque terme est égal à celui qui le précède immédiatement augmenté de la raison, et dans toute progression par différence décroissante, chaque terme est égal à celui qui le précède immédiatement diminué de la raison.

36. Le premier et le dernier terme d'une progression sont appelés extrêmes, et tous les autres termes, moyens de la progression.

37. Théorème. — Un terme quelconque d'une progression par différence croissante est égal au premier terme plus autant de fois la raison qu'il y a de termes avant lui.

Soit la progression par différence croissante

$$3,\ 5,\ 7,\ 9,\ 11,\ 13,\ 15,$$

soit r la raison ; je dis qu'on a, par exemple,

$$11 = 3 + 4r.$$

En effet, dans toute progression par différence croissante, chaque terme est égal à celui qui le précède immédiatement augmenté de la raison, donc

$$5 = 3 + r;$$
$$7 = 5 + r = 3 + r + r = 3 + 2r;$$
$$9 = 7 + r = 3 + 2r + r = 3 + 3r;$$
$$11 = 9 + r = 3 + 3r + r = 3 + 4r.$$

c. q. f. d.

38. Théorème. — Un terme quelconque d'une progression par différence décroissante est égal au premier terme moins autant de fois la raison qu'il y a de termes avant lui.

Soit la progression par différence décroissante

$$15,\ 13,\ 11,\ 9,\ 7,\ 5,\ 3,$$

soit r la raison, je dis qu'on a, par exemple,

$$7 = 15 - 4r.$$

En effet, dans toute progression par différence décroissante, chaque terme est égal à celui qui le précède immédiatement diminué de la raison, donc

$$13 = 15 - r;$$

$$11 = 13 - r = 15 - r - r = 15 - 2r;$$
$$9 = 11 - r = 15 - 2r - r = 15 - 3r;$$
$$7 = 9 - r = 15 - 3r - r = 15 - 4r.$$

c. q. f. d.

39. Problème. — Trouver la somme des termes d'une progression par différence

3, 5, 7, 9, 11, 13, 15.

J'écris cette progression dans l'ordre inverse

15, 13, 11, 9, 7, 5, 3

et j'additionne les termes correspondants de ces deux progressions, ce qui donne les sommes

3+15, 5+13, 7+11, 9+9, 11+7, 13+5, 15+3.

Chacune de ces sommes est égale à la somme des extrêmes de la progression. Ainsi, on a, par exemple,

$$7 + 11 = 3 + 15;$$

En effet, d'après les théorèmes précédents, on a, en représentant la raison par r

$$7 = 15 - 4r,$$
$$11 = 3 + 4r,$$

ajoutant ces égalités membre à membre et observant que les quantités $+4r$ et $-4r$ se détruisent, il vient

$$7 + 11 = 3 + 15.$$

Il résulte de ce qui vient d'être dit, que toutes les sommes

3+15, 5+13, 7+11, 9+9, 11+7, 13+5, 15+3

sont égales entre elles. Donc, si on les additionne, on obtient une nouvelle somme qui est égale à $(3+15) \times 7$, et qui est, en même temps, la somme des termes des deux progressions. D'un autre côté, la somme des termes des deux progressions est égale à deux fois la somme des termes de la progression donnée, donc, si on représente par S cette dernière somme, on aura

$$2S = (3 + 15) \times 7.$$

et en divisant par 2 chaque membre de cette égalité,

$$S = \frac{(3+15)\times 7}{2} = 63.$$

En général, soit S la somme des termes d'une progression par différence dont a est le premier terme, l le dernier, n le nombre des termes ; on a la formule

$$S = \frac{(a+l)\times n}{2}.$$

40. Règle. — Pour trouver la somme des termes d'une progression par différence, on additionne le premier terme et le dernier, on multiplie la somme par le nombre des termes et on divise le produit par 2.

41. Problème. — Insérer des moyens différentiels entre deux nombres ; par exemple, insérer 5 moyens différentiels entre 4 et 52.

Soient x, y, z, v, u les moyens à insérer ; écrivons la progression

$$4,\ x,\ y,\ z,\ v,\ u,\ 52.$$

Le dernier terme 52 est égal au premier terme 4, plus autant de fois la raison qu'il y a de termes avant lui (37), c'est à dire, plus 6 fois la raison, ce qui donne, en représentant la raison par r

$$4+6r = 52 ;$$

retranchant 4 de chaque membre de cette égalité, il vient

$$6r = 52-4,$$

et, en divisant chaque membre par 6,

$$r = \frac{52-4}{6} = 8.$$

On a donc (35),

$$x = 4+8 = 12,$$
$$y = 12+8 = 20,$$
$$z = 20+8 = 28,$$
$$v = 28+8 = 36,$$

$$u = 36 + 8 = 44,$$

ce qui donne la progression

$$4, 12, 20, 28, 36, 44, 52.$$

42. Règle. — Pour insérer des moyens différentiels entre deux nombres, on retranche le plus petit nombre du plus grand, on divise le reste par le nombre des moyens à insérer augmenté de 1, et on obtient la raison. On ajoute la raison au plus petit nombre et on obtient le premier moyen, on ajoute la raison au premier moyen et on obtient le deuxième moyen, et ainsi de suite. Enfin, on ajoute la raison au dernier moyen et on retrouve le plus grand nombre.

43. Théorème. — Dans une progression par différence, si on insère un même nombre de moyens entre chaque terme et le terme suivant, on obtient une nouvelle progression par différence.

Soit une progression par différence

$$3, 9, 15, 21.$$

Si on insère, par exemple, quatre moyens différentiels entre chaque terme et le terme suivant, on obtient trois progressions, et, d'après la question précédente, la raison de la première est $\frac{9-3}{4+1}$; celle de la deuxième $\frac{15-9}{4+1}$, et celle de la troisième, $\frac{21-15}{4+1}$. Or, $21 - 15 = 15 - 9 = 9 - 3$, donc la raison est la même dans les trois progressions. De plus, le dernier terme de chaque progression est le même que le premier terme de la progression suivante, donc les termes des trois progressions forment une nouvelle progression.

c. q. f. d.

Progressions par quotient.

44. On appelle progression par quotient une suite de nombres tels que le quotient de deux nombres

consécutifs est constant.

Ce quotient est appelé raison, et chaque nombre, terme de la progression.

45. La progression est dite croissante lorsque ses termes vont en croissant, et décroissante, lorsque ses termes vont en décroissant.

La suite de nombres

$$3, 6, 12, 24, 48, 96,$$

est une progression par quotient croissante dont la raison est 2. Les mêmes nombres écrits dans l'ordre inverse

$$96, 48, 24, 12, 6, 3,$$

forment une progression par quotient décroissante dont la raison est $\frac{1}{2}$.

46. Dans toute progression par quotient, chaque terme est égal à celui qui le précède immédiatement multiplié par la raison.

47. Théorème. — Un terme quelconque d'une progression par quotient est égal au premier terme multiplié par la raison élevée à une puissance marquée par le nombre des termes qui précèdent.

Soit la progression par quotient,

$$3, 6, 12, 24, 48, 96,$$

soit r la raison; je dis qu'on a, par exemple,

$$48 = 3 \times r^4.$$

En effet, dans toute progression par quotient, chaque terme est égal à celui qui le précède immédiatement multiplié par la raison, donc

$$6 = 3 \times r,$$

$$12 = 6 \times r = 3 \times r \times r = 3 \times r^2,$$

$$24 = 12 \times r = 3 \times r^2 \times r = 3 \times r^3,$$

$$48 = 24 \times r = 3 \times r^3 \times r = 3 \times r^4.$$

c.q.f.d.

48. Problème. — Trouver la somme des termes d'une progression par quotient

$$4,\ 24,\ 144,\ 864,\ 5184.$$

Soit r la raison, et S la somme des termes de la progression, on a

$$S = 4 + 24 + 144 + 864 + 5184,$$

et, en multipliant chaque membre par r,

$$S \times r = 4r + 24r + 144r + 864r + 5184r.$$

Retranchant ensuite de chaque membre une fois la somme des termes de la progression, il vient

$$(S \times r) - S = 5184r - 4,$$

car $4r = 24$, $24r = 144$, $144r = 864$ et $864r = 5184$. L'expression $(S \times r) - S$ étant égale à $S \times (r-1)$, l'égalité précédente devient

$$S \times (r-1) = 5184r - 4;$$

divisant chaque membre par $r-1$, on a enfin,

$$S = \frac{5184r - 4}{r-1} = 6220.$$

En général, soit S la somme des termes d'une progression par quotient dont a est le premier terme, l le dernier, r la raison; on a la formule

$$S = \frac{lr - a}{r-1}.$$

49. Règle. — Pour trouver la somme des termes d'une progression par quotient, on multiplie le dernier terme par la raison, du produit on retranche le premier terme et on divise le reste par la raison diminuée de 1.

50. Remarque. — Si la progression est décroissante, on l'écrit d'abord dans l'ordre inverse, et on opère ensuite comme l'indique la règle précédente.

51. Problème. — Insérer des moyens proportionnels entre deux nombres; par exemple, insérer 3 moyens proportionnels entre les deux nombres 24 et 31104.

Soient x, y, z les moyens à insérer, écrivons la

progression

$$24,\ x,\ y,\ z,\ 31104.$$

Le dernier terme 31104 est égal au premier terme 24 multiplié par la raison élevée à une puissance marquée par le nombre des termes qui précèdent, c'est à dire, par la raison élevée à la 4me puissance, ce qui donne, en représentant la raison par r,

$$24 \times r^4 = 31104.$$

En divisant chaque membre par 24, il vient

$$r^4 = \frac{31104}{24},$$

et, en extrayant la racine 4me de chaque membre,

$$r = \sqrt[4]{\frac{31104}{24}} = 6.$$

On a donc (46),

$$x = 24 \times 6 = 144,$$
$$y = 144 \times 6 = 864,$$
$$z = 864 \times 6 = 5184,$$

ce qui donne la progression

$$24,\ 144,\ 864,\ 5184,\ 31104.$$

52. Règle. — Pour insérer des moyens proportionnels entre deux nombres, on divise le plus grand par le plus petit, on extrait du quotient la racine marquée par le nombre des moyens à insérer augmenté de 1 et on obtient la raison. On multiplie le plus petit nombre par la raison et on obtient le premier moyen; on multiplie le premier moyen par la raison et on obtient le deuxième moyen, et ainsi de suite. Enfin on multiplie le dernier moyen par la raison et on retrouve le plus grand nombre.

53. Théorème. — Dans une progression par quotient, si on insère un même nombre de moyens entre chaque terme et le terme suivant, on obtient une nouvelle progression par quotient.

Soit une progression par quotient

$$3,\ 48,\ 768,\ 12288.$$

Si on insère, par exemple, trois moyens proportionnels entre chaque terme et le terme suivant, on obtient trois progressions, et, d'après la question précédente, la raison de la première est $\sqrt[4]{\frac{48}{3}}$; celle de la deuxième, $\sqrt[4]{\frac{768}{48}}$, et celle de la troisième $\sqrt[4]{\frac{12288}{768}}$. Or, $\frac{48}{3} = \frac{768}{48} = \frac{12288}{768}$; donc la raison est la même dans les trois progressions. De plus, le dernier terme de chaque progression est le même que le premier terme de la progression suivante, donc les termes des trois progressions forment une nouvelle progression.

c.q.f.d.

Calcul pratique des logarithmes

appliqué à la résolution des problèmes sur l'intérêt composé, les annuités, les rentes viagères, les assurances sur la vie, les tontines, etc.

Notions préliminaires.

54. Un nombre est négatif lorsqu'il est précédé du signe —.

Supposons que l'on ait à retrancher 20 de 14. Le nombre 20 étant égal à 14 + 6, l'opération revient à retrancher 14 de 14, ce qui donne 0 pour reste, et à retrancher ensuite 6 de 0. Cette dernière soustraction ne pouvant se faire, on l'indique en plaçant le signe — devant le nombre 6. De sorte que le reste de la soustraction est — 6.

Le nombre — 6 est négatif.

L'opération précédente revient à retrancher 14 de 20 et à affecter le reste 6 du signe —. En général, lorsque dans une soustraction, le nombre à soustraire est plus grand que celui dont on doit le soustraire, on retranche le plus petit nombre du plus grand et on place devant le reste le signe —.

55. Un nombre est positif lorsqu'il est précédé du signe +.

Tout nombre qui n'est précédé d'aucun signe est censé affecté du signe +.

56. La valeur absolue d'un nombre positif ou négatif est ce nombre lui-même abstraction faite du signe qui le précède.

57. Pour additionner plusieurs nombres négatifs on fait la somme des valeurs absolues de ces nombres et on l'affecte du signe —.

On trouve ainsi que la somme des nombres négatifs —7, —8, —12, —18 est —45.

58. Pour additionner deux nombres, l'un positif et l'autre négatif, on prend la différence des valeurs absolues de ces nombres et on affecte cette différence du signe du plus grand nombre.

Ainsi la somme des deux nombres +4 et —9 est —5.

59. Pour additionner plusieurs nombres positifs et négatifs, on additionne les nombres positifs, ensuite les nombres négatifs; on retranche la plus petite somme de la plus grande et on donne au reste le signe des nombres qui ont donné la plus grande somme.

Ainsi, la somme des nombres —4, +2, —15, +8 s'obtient en additionnant 1° 4 et 15, 2° 2 et 8, ce qui donne les sommes 19 et 10, en retranchant ensuite la plus petite somme de la plus grande et en donnant au reste 9 le signe — des nombres qui ont donné la plus grande somme, ce qui donne enfin —9.

60. Pour trouver le reste d'une soustraction, on change le signe du nombre à soustraire et on ajoute ce nombre ainsi modifié au nombre dont on doit soustraire.

Exemples,

$$+8 \text{ moins } +5 = +8 \text{ plus } -5 = +3\,;$$
$$-8 \text{ moins } +5 = -8 \text{ plus } -5 = -13\,;$$
$$-8 \text{ moins } -5 = -8 \text{ plus } +5 = -3\,;$$
$$+8 \text{ moins } -5 = +8 \text{ plus } +5 = +13\,;$$
$$+5 \text{ moins } +8 = +5 \text{ plus } -8 = -3\,;$$
$$-5 \text{ moins } +8 = -5 \text{ plus } -8 = -13\,;$$
$$-5 \text{ moins } -8 = -5 \text{ plus } +8 = +3\,;$$
$$+5 \text{ moins } -8 = +5 \text{ plus } +8 = +13.$$

61. 1°. Un nombre positif multiplié par un nombre positif donne un produit positif ; 2°. Un nombre négatif multiplié par un nombre positif donne un produit négatif.

Exemples,

$$+7 \times +5 = +35\,;$$
$$-7 \times +5 = -35.$$

3°. Un nombre positif multiplié par un nombre négatif donne un produit négatif ; 4°. Un nombre négatif multiplié par un nombre négatif donne un produit positif.

Exemples,

$$+7 \times -5 = -35\,;$$
$$-7 \times -5 = +35.$$

62. 1°. Un nombre positif divisé par un nombre positif donne un quotient positif ; 2°. un nombre négatif divisé par un nombre positif donne un quotient négatif.

Exemples,

$$\frac{+35}{+5} = +7\,;$$

$$\frac{-35}{+5} = -7.$$

3°. Un nombre positif divisé par un nombre négatif donne un quotient négatif ; 4°. Un nombre négatif divisé par un nombre négatif donne un quotient positif.

Exemples,

$$\frac{+35}{-5} = -7\,;$$

$$\frac{-35}{-5} = +7.$$

Exercices.

63. Faire les additions suivantes :

1°	2°	3°	4°
+47	+68	−729	−206
−58	−97	−236	−374
+62	−74	+348	−129

5°	6°	7°	8°
−67	+427	−452	−69
−14	−189	−678	+2
+8	+172	+29	+41
−89	+53	+42	−82
+23	−249	−53	−87
+42	−71	+236	+9
−78	+436	+768	+6

64. Faire les soustractions suivantes :

1°	2°	3°	4°
+47	−74	−83	+128
+52	+23	−22	−84

5°	6°	7°	8°
+14	−17	−123	+42
+73	−48	+147	−42

9°	10°	11°	12°
+4	−18	−42	+174
−7	+12	−20	+298

65. Multiplier,

1° +12 par +7 — 5° −43 par +18
2° +18 par −9 — 6° −159 par +7
3° −42 par +34 — 7° −14 par −15
4° −21 par −9 — 8° −17 par +4.

66. Diviser,

1° −24 par +6 — 3° +725 par +25
2° −72 par +7 — 4° −98 par +14.

67. Définition. — Les logarithmes des nombres sont d'autres nombres tels que le logarithme du produit de deux facteurs est égal à la somme des logarithmes de ces facteurs.

Tous les nombres positifs ont des logarithmes.

68. La partie entière d'un logarithme est appelée caractéristique. Ex. le logarithme de 1562 est 3,193681o; la caractéristique de ce logarithme est 3.

69. La caractéristique du logarithme d'un nombre plus grand que l'unité, contient autant d'unités moins une qu'il y a de chiffres dans la partie entière de ce nombre.

Ainsi, suivant que la partie entière d'un nombre a un, deux, trois, quatre chiffres, etc., la caractéristique du logarithme de ce nombre est 0, 1, 2, 3, etc.

70. Réciproquement, la partie entière d'un nombre est composée d'autant de chiffres qu'il y a d'unités plus une dans la caractéristique du logarithme de ce nombre.

Ainsi, suivant que la caractéristique du logarithme d'un nombre est 0, 1, 2, 3, etc., la partie entière de ce nombre est composée de 1, 2, 3, 4 chiffres, etc.

71. Quand on multiplie un nombre par 10, 100, 1000, etc., la partie décimale du logarithme de ce nombre ne change pas; la caractéristique seule augmente de 1, 2, 3, etc.

72. Réciproquement, quand on divise un nombre par 10, 100, 1000, etc., la partie décimale du logarithme de ce nombre ne change pas; la caractéristique seule diminue de 1, 2, 3, etc.

Exercices.

73. Trouver la caractéristique du logarithme de chacun des nombres suivants :

8	149	7244	825437	74,245
27	67	862	3924	623,21
71	4628	43	56219	5269,0437.

74. Lorsque la caractéristique du logarithme d'un nombre contient 2, 1, 3, 4, 0, 8, 7, 9, 5 unités, combien la partie entière de ce nombre contient-elle de chiffres ?

75. Trouver la caractéristique du logarithme de 174,278. Que devient cette caractéristique si on multiplie le nombre 174,278 par 1000, 100, 10000, 10, 100000 ?

76. Trouver la caractéristique du logarithme de 2698700000. Que devient cette caractéristique si on divise le nombre 2698700000 par 10, 1000, 100, 10000, 10000000 ?

Propriétés des logarithmes.

77. — Le logarithme d'un produit est égal à la somme des logarithmes des facteurs de ce produit.

Exemple,

$$\log(5 \times 7 \times 18) = \log 5 + \log 7 + \log 18.$$

78. — Le logarithme d'un quotient est égal au logarithme du dividende, moins le logarithme du diviseur.

Exemple,

$$\log \frac{325}{17} = \log 325 - \log 17.$$

79. — Le logarithme d'une puissance d'un nombre est égal au logarithme de ce nombre, multiplié par le degré de la puissance.

Exemple,

$$\log 52^4 = 4 \log 52.$$

80. — Le logarithme de la racine d'un nombre est égal au logarithme de ce nombre, divisé par le degré de la racine.

Exemple,

$$\log \sqrt[4]{69} = \frac{1}{4} \log 69.$$

Usage des tables de logarithmes.

81. Nous ferons usage des tables de logarithmes de

Lalande. Elles contiennent les logarithmes des nombres entiers depuis 1 jusqu'à 10000. Ces nombres sont écrits dans la première colonne, intitulée nomb.; à côté et dans la seconde colonne, intitulée Logarit., sont écrits les logarithmes correspondants calculés avec sept décimales; enfin dans la troisième colonne, intitulée Diff., on trouve une série de nombres: chacun d'eux est la différence des deux logarithmes placés immédiatement à gauche. Ces nombres expriment des unités du septième ordre décimal.

82. Pour effectuer des calculs par logarithmes, il faut savoir résoudre, au moyen des tables, les deux problèmes suivants: 1°. Trouver le logarithme d'un nombre donné, 2°. Trouver à quel nombre appartient un logarithme donné.

Problème 1er.

83. Trouver le logarithme d'un nombre donné.

1°. Trouver le logarithme d'un nombre entier 1562, plus petit que 10000.

Je cherche dans la table dans la colonne intitulée nomb., le nombre 1562; le nombre 3,1936810 écrit à sa droite dans la colonne intitulée Logarit., est le logarithme demandé.

2°. Trouver le logarithme d'un nombre entier 562478, plus grand que 10000.

Je divise le nombre 562478 par 100, c'est à dire par l'unité suivie d'assez de zéros pour que la partie entière du nombre décimal qui en résulte ne contienne que quatre chiffres. Elle est alors plus petite que 10000.

Je cherche ensuite, dans la table, le logarithme de la partie entière 5624; je trouve 3,7500453. Or, le nombre 5624,78 étant compris entre 5624 et 5625, son logarithme est lui-même compris entre le logarithme de 5624 et celui de 5625, c'est à dire entre 3,7500453 et 3,7501225.

La différence de ces logarithmes est 772; elle est écrite dans la table, dans la colonne intitulée Diff., à la droite des deux logarithmes 3,7500453 et 3,7501225. Cette différence indique que pour une augmentation de 1 unité dans le nombre 5624, il faut ajouter au logarithme 772 unités du septième ordre décimal.

Par conséquent, pour une augmentation de 0,78, il faudra ajouter au logarithme les $\frac{78}{100}$ de 772, ou

$$\frac{772 \times 78}{100} = 602 \text{ unités du septième ordre décimal,}$$

en négligeant les unités plus petites.

On a donc

$$\begin{aligned} \log 5624 &= 3,7500453 \\ \text{pour } 0,78 & \qquad\qquad 602 \\ \hline \log 5624,78 &= 3,7501055. \end{aligned}$$

La caractéristique du logarithme de 562478 est 5, et la partie décimale de ce logarithme est la même que celle du logarithme de 5624,78 (71), donc enfin,

$$\log 562478 = 5,7501055.$$

Règle. — Pour trouver le logarithme d'un nombre entier plus grand que 10000, on divise ce nombre par l'unité suivie d'assez de zéros pour que la partie entière du nombre décimal qui en résulte ne contienne plus que quatre chiffres. On cherche dans la table le logarithme de cette partie entière. On multiplie ensuite par la partie décimale, la différence entre ce logarithme et le logarithme du nombre formé par la partie entière augmentée de 1 unité; (cette différence se trouve dans la table). On ajoute le produit au logarithme de la partie entière, en négligeant les unités inférieures aux unités du septième ordre décimal. On obtient ainsi un logarithme dont la partie décimale est celle du logarithme demandé. Quant à la caractéristique de ce logarithme, elle contient autant d'unités moins une qu'il y a de chiffres dans le nombre proposé.

Exemple.

Trouver le logarithme de 7628247.

Je divise par 1000 le nombre 7628247, ce qui donne 7628,247. Je cherche ensuite dans la table le logarithme de 7628 : je trouve 3,8824107. Je multiplie la différence tabulaire 569 par la partie décimale 0,247, ce qui donne 140,543, et j'ajoute 140 unités du septième ordre décimal au logarithme 3,8824107, ce qui donne enfin 3,8824247.

La partie décimale 0,8824247 est celle du logarithme demandé. La caractéristique de ce logarithme étant 6, on a

$$\log 7628247 = 6{,}8824247.$$

Opérations.

$$\log 7628 = 3{,}8824107$$
$$\text{pour } 0{,}247 \qquad 140$$
$$\log 7628{,}247 = 3{,}8824247$$
$$\log 7628247 = 6{,}8824247.$$

3°. Trouver le logarithme d'une fraction $\frac{4378}{569}$, plus grande que l'unité.

Je cherche les logarithmes des deux termes 4378 et 569 ; je retranche le logarithme du dénominateur du logarithme du numérateur, le reste est le logarithme demandé (78). J'ai donc

$$\log 4378 = 3{,}6412758$$
$$\log 569 = 2{,}7551123$$
$$\log \frac{4378}{569} = 0{,}8861635.$$

4°. Trouver le logarithme d'une fraction $\frac{569}{4378}$, plus petite que l'unité.

On a

$$\log 569 = 2,7551123$$
$$\log 4378 = 3,6412758$$

Pour obtenir le logarithme demandé, il faut retrancher le logarithme du dénominateur du logarithme du numérateur.

Le logarithme 3,6412758 étant plus grand que le logarithme 2,7551123, on opère de cette manière : on retranche d'abord 0,6412758 de 0,7551123, ce qui donne 0,1138365 ; on retranche ensuite 3 de 2, ce qui revient à retrancher 2 de 3 et à affecter le reste 1 du signe — ; ce qui donne enfin,

$$\log \frac{569}{4378} = -1+0,1138365 = \bar{1},1138365.$$

Le signe — placé au-dessus du chiffre 1, indique que la caractéristique seule est négative.

Trouver le logarithme de la fraction $\frac{117}{5867}$.

On a

$$\log 117 = 2,0681859$$
$$\log 5867 = 3,7684161$$

La partie décimale du second logarithme étant plus grande que celle du premier, on augmente celle-ci de 1 unité, et on augmente aussi de 1 la caractéristique du second logarithme, ce qui ne change pas la différence.

On retranche ensuite 0,7684161 de 1,0681859 ce qui donne 0,2997698, et 4 de 2, ce qui donne — 2. De sorte que l'on a

$$\log \frac{117}{5867} = -2+0,2997698 = \bar{2},2997698.$$

Règle. — Pour trouver le logarithme d'une fraction, on retranche le logarithme du dénominateur du logarithme du numérateur.

Si la fraction est plus petite que l'unité, on retranche d'abord la partie décimale du logarithme du dénominateur de la partie décimale du logarithme du numérateur, ce qui donne un résultat positif; on retranche ensuite la caractéristique du logarithme du dénominateur de celle du logarithme du numérateur, ce qui donne un résultat négatif.

Si, dans ce cas, la partie décimale du logarithme du dénominateur est plus grande que celle du logarithme du numérateur, on augmente celle-ci de 1 unité, et on augmente aussi de 1 la caractéristique du logarithme du dénominateur.

5° Trouver le logarithme d'un nombre décimal 562,478 plus grand que l'unité.

La caractéristique du logarithme demandé est 2 (69); la partie décimale est la même que celle du logarithme de 562478 (71).

Or, le logarithme de 562478 est 5,7501055, donc le logarithme de 562,478 est 2,7501055.

6° Trouver le logarithme d'un nombre décimal 0,000562478, plus petit que l'unité.

Je supprime la virgule du nombre proposé, ce nombre est alors multiplié par 1 000 000 000, et je cherche le logarithme du nombre entier 562478: je trouve 5,7501055. Or si je divise le nombre 562478 par 1 000 000 000, la partie décimale du logarithme de ce nombre ne changera pas, la caractéristique seule diminuera de 9 (72); elle sera donc 5 − 9 ou − 4. De sorte que le logarithme demandé est $\bar{4},7501055$.

Règle. — Pour trouver le logarithme d'un nombre décimal, on cherche le logarithme du nombre entier qui résulte de la suppression de la virgule; la partie décimale de ce logarithme est celle du logarithme demandé. Quant à la caractéristique, elle est comme d'avance.

Si le nombre décimal est plus petit que l'unité, la caractéristique de son logarithme est négative. Elle se compose d'autant d'unités plus une qu'il y a de zéros entre la virgule et le premier chiffre significatif du nombre proposé.

Problème 2me.

84. — Trouver à quel nombre appartient un logarithme donné.

1°. Etant donné

$$\log x = 3,6055205,$$

trouver la valeur de x.

Je cherche dans la table, dans la colonne intitulée Logarit., le logarithme 3,6055205 ; le nombre 4032 placé immédiatement à gauche de ce logarithme dans la colonne intitulée Nomb., est la valeur demandée.

2°. Etant donné

$$\log x = 1,7096091.$$

trouver la valeur de x.

J'augmente de 2 la caractéristique, pour la rendre égale à 3, et je cherche le nombre correspondant au logarithme 3,7096091 : ce nombre est 5124. Mais quand on augmente de 2 la caractéristique d'un logarithme, le nombre correspondant se trouve multiplié par 100, donc

$$100\,x = 5124$$

et, en divisant chaque membre par 100,

$$x = 51,24$$

3°. Etant donné

$$\log x = 4,8675043$$

trouver la valeur de x.

Je diminue de 1 la caractéristique pour la rendre égale à 3, et je cherche le nombre correspondant au logarithme 3,8675043. Ce logarithme n'est pas contenu dans la table. Le plus grand logarithme tabulaire contenu dans 3,8675043 est 3,8674675, et le nombre correspondant, 7370.

Or, le logarithme 3,8675043 étant compris entre les logarithmes 3,8674675 et 3,8675264 des deux nombres 7370 et 7371, correspond à un nombre qui est lui-même compris entre 7370 et 7371. Ce nombre contient donc 7370 unités, plus une partie plus petite que l'unité.

Pour calculer cette partie, je retranche le logarithme 3,8674675 de 3,8675043, ce qui donne 368 unités du septième ordre décimal, je cherche ensuite, dans la table, la différence des deux logarithmes 3,8674675 et 3,8675264; je trouve 589, nombre qui exprime aussi des unités du septième ordre décimal, et je dis :

Si on augmente de 589 unités du septième ordre décimal, le logarithme 3,8674675, le nombre correspondant augmente de 1 unité.

Si on augmente ce logarithme de 368 unités du 7me ordre, le nombre correspondant augmentera des $\frac{368}{589}$ de 1 unité, ou de $\frac{368}{589} = 0,625...$

Le nombre correspondant à 3,8675043 est donc 7370,625...

La caractéristique du logarithme de x ayant été diminuée de 1, x a été divisé par 10, donc

$$\frac{1}{10}x = 7370,625,$$

et, en multipliant chaque membre par 10,

$$x = 73706,25.$$

Règle. — Pour trouver le nombre correspondant à un logarithme donné entièrement positif, on augmente ou on diminue la caractéristique, suivant qu'elle est plus petite ou plus grande que 3, d'assez d'unités pour la rendre égale à 3. On cherche dans la table, le plus grand logarithme contenu dans le logarithme donné ainsi modifié. Le nombre correspondant donne les quatre premiers chiffres du nombre demandé. On cherche 1°. la différence entre ce logarithme et le logarithme donné, 2°. la différence entre ce logarithme et le logarithme tabulaire suivant ; on divise la première différence par la seconde en continuant la division jusqu'aux millièmes du quotient. On obtient de cette manière, trois autres chiffres qu'on écrit à la droite des quatre déjà trouvés, ce qui donne le nombre demandé abstraction faite de la virgule. Quant à la partie entière, elle se compose d'autant de chiffres qu'il y a d'unités plus une dans la caractéristique du logarithme donné.

4°. Étant donné

$$\log x = \bar{4},8675043$$

trouver la valeur de x.

J'augmente la caractéristique de 7 unités pour la rendre égale à $+3$; la valeur de x est alors multipliée par 10 000 000. J'ai donc

$$\log 10000000x = 3,8675043,$$
$$10000000x = 7370,625,$$
$$x = 0,0007370625.$$

Règle — Pour trouver le nombre correspondant à un logarithme dont la caractéristique est négative, on ajoute à la caractéristique assez d'unités positives pour la rendre égale à $+3$. On cherche le nombre correspondant au logarithme ainsi modifié, et on divise ce nombre par l'unité suivie d'autant de zéros que l'on a ajouté d'unités à la caractéristique du logarithme donné.

Le nombre qu'on obtient est un nombre décimal plus petit que l'unité qui contient autant de zéros entre la virgule et le premier chiffre significatif qu'il y a d'unités moins une dans la caractéristique du logarithme donné.

85. Remarque. — D'après les méthodes précédentes, on obtient les logarithmes des nombres avec sept décimales; et lorsqu'on cherche le nombre correspondant à un logarithme donné, on obtient les sept premiers chiffres significatifs à gauche de ce nombre.

Exercices.

86. Trouver le logarithme de chacun des nombres suivants:

1°.	2°.	3°.
524	36269	514,7429
2368	89874	12,043
8742	102785	8,2972
2508	530892	9,874
49	7897521	69,25389
124	42186423	128,457
18	129245	34,527
8509	147825	614,0029
9812	6506798	15,24082
41218	7845213	7,19325

4°.	5°.
0,001742	279,0283
0,000183	42,538
0,0000017	0,00019
0,007425	0,75872
0,007428	0,0001354
0,0429	0,0237
0,000027	29,243
0,07829	2,753
0,0000008	0,00000079
0,082569	0,000000043

6°. $\frac{13}{7}$, $\frac{725}{49}$, $\frac{1524}{19}$, $\frac{72}{276}$, $\frac{134221}{1467}$, $\frac{257428}{7803219}$, $\frac{213}{52941317}$, $\frac{4865}{20943782}$.

87. Trouver le nombre correspondant à chacun des logarithmes suivants :

1°	2°	3°
3,4141374	4,4138970	$\bar{2}$,2784248
3,2664669	3,5192464	$\bar{1}$,1296749
2,9224659	8,0074225	$\bar{3}$,6887215
1,8472641	0,2727405	$\bar{2}$,7428256
5,8415472	0,4127319	$\bar{5}$,4689998
7,8029105	9,0525863	$\bar{6}$,2837809
6,7405206	6,9927417	$\bar{4}$,3252419
0,5998831	4,7792518	$\bar{3}$,0041297
4,5094714	5,5674781	$\bar{2}$,0521853
8,8815558	3,0057829	$\bar{5}$,2466743.

Opérations sur les logarithmes.

88. Effectuer l'addition suivante :

$$\begin{array}{r} 4,8038666 \\ \bar{5},9217905 \\ 2,6432552 \\ \bar{7},5212689 \\ \hline \bar{4},8901812 \end{array}$$

J'additionne d'abord les parties décimales, ce qui donne 2,8901812 ; j'additionne ensuite les caractéristiques, ce qui donne 6 − 12 = −6. La somme demandée est donc égale à −6 + 2,8901812 = $\bar{4}$,8901812.

89. Soit à soustraire le logarithme $\bar{4}$,5212689 du logarithme 5,8038666.

Opération.

$$\begin{array}{r} 5,8038666 \\ \bar{4},5212689 \\ \hline 9,2825977 \end{array}$$

Je retranche d'abord 0,5212689 de 0,8038666,

ce qui donne 0,2825997; je retranche ensuite −4 de 5, ce qui donne 5 + 4 = 9. Le résultat est donc 9,2825997.

90. Soit encore à soustraire le logarithme $\bar{3},9217905$ du logarithme $\bar{8},6432552$.

Opération.

$$\begin{array}{r} \bar{8},6432552 \\ \bar{3},9217905 \\ \hline \bar{6},7214647 \end{array}$$

La partie décimale du logarithme dont on doit soustraire étant plus petite que la partie décimale du logarithme à soustraire, je l'augmente de 1 unité, et je retranche 0,9217905 de 1,6432552, ce qui donne 0,7214647. J'augmente aussi de 1 la caractéristique du logarithme à soustraire, ce qui donne −2. Chacun des deux logarithmes étant augmenté de 1 unité, leur différence ne change pas.

Retranchant ensuite −2 de −8, j'obtiens −8 + 2 = −6. De sorte que le résultat demandé est $\bar{6},7214647$.

91. Soit à multiplier le logarithme $\bar{2},9217905$ par un nombre positif 12.

Opération.

$$\begin{array}{r} \bar{2},9217905 \\ 12 \\ \hline 18435810 \\ 9217905 \\ \hline 11,0614860 \\ -24 \\ \hline \bar{13},0614860 \end{array}$$

Je multiplie par 12 la partie décimale 0,9217905, ce qui donne 11,0614860; je multiplie ensuite par 12 la caractéristique −2, et j'ajoute le produit −24 au produit 11,0614860, ce qui donne le produit demandé $\overline{13},0614860$.

92. Soit à diviser par 3 le logarithme $\overline{6},9217905$. J'obtiendrai le quotient en prenant le tiers de la caractéristique, et ensuite le tiers de la partie décimale.

Le tiers de −6 est −2, et le tiers de 0,9217905 est 0,3072635; le quotient demandé est donc $\overline{2},3072635$.

93. Soit encore à diviser par 3 le logarithme $\overline{7},9217905$. J'augmente de −2 la caractéristique −7, pour la rendre divisible par 3, et pour que le logarithme proposé ne change pas de valeur, j'augmente de +2 la partie décimale. De sorte que la question est ramenée à diviser par 3 le logarithme −9+2,9217905.

On trouve que le quotient est $\overline{3},9739301$, en négligeant les unités inférieures aux unités du 7me ordre décimal.

Exercices.

94. Faire les additions suivantes :

1°	2°	3°
$\overline{3},2542756$	$\overline{2},5278420$	$\overline{4},0025678$
$4,1758752$	$\overline{1},7202536$	$2,8639781$
$0,4730875$	$0,0042523$	$0,4596749$
$\overline{7},0425283$	$\overline{4},4764542$	$\overline{6},1438918$
$\overline{2},7408250$	$\overline{3},2554667$	$\overline{3},4705277$

95. Faire les soustractions suivantes :

1°	2°	3°
$2,1748571$	$\overline{4},8299754$	$\overline{3},3717742$
$\overline{3},2299885$	$\overline{1},2467521$	$4,8409988$

4°	5°	6°
$1,9827884$	$\overline{5},4405227$	$\overline{1},2748927$
$\overline{4},5401219$	$\overline{2},2197708$	$\overline{3},7247240$

96. Multiplier.

1° $\bar{4},2708928$ par 3

2° $\bar{1},4602547$ par 5

3° $\bar{5},0027246$ par 2

4° $\bar{7},9418743$ par 12

5° $\bar{2},8745762$ par 6

6° $\bar{5},9835627$ par 9.

97. Diviser.

1° $\bar{9},7428357$ par 3

2° $\bar{12},2567842$ par 4

3° $\bar{6},5224583$ par 2

4° $\bar{15},4890782$ par 7

5° $\bar{10},0527309$ par 4

6° $\bar{8},0745821$ par 15.

Emploi des compléments.

98. Le complément d'un logarithme est ce qu'il faut ajouter à ce logarithme pour avoir 10 unités.

Cette définition suppose que les logarithmes que l'on emploie ne sont pas plus grands que 10.

En général, on appelle complément d'un nombre ce qu'il faut ajouter à ce nombre pour avoir l'unité suivie d'autant de zéros qu'il y a de chiffres dans sa partie entière.

Ainsi, le complément du logarithme 3,9643068 du nombre 9211, est $10 - 3,9643068 = 6,0356932$, ce qu'on écrit de cette manière :

$$\text{comp. log } 9211 = 6,0356932.$$

Le nombre 10 étant égal à 9 unités plus 999999 millionièmes plus 10 dix-millionièmes, il suffit, pour obtenir le résultat précédent, de retrancher de 10 le chiffre 8, et tous les autres de 9.

99. Règle. — Pour trouver le complément d'un logarithme, on retranche chaque chiffre de 9, excepté le dernier chiffre significatif à droite qu'on retranche de 10.

On commence l'opération par la gauche, et lorsqu'on a acquis une certaine habitude, il suffit de voir un logarithme écrit pour être en état de lire immédiatement son complément.

100. Trouver le complément d'un logarithme $\bar{3},9643068$ dont la caractéristique est négative.

Le complément demandé est égal à $10-\bar{3},9643068$ $=9+1-(-3+0,9643068)=9+3+1-0,9643068$ $=12,0356932$.

101. Règle. — Pour trouver le complément d'un logarithme dont la caractéristique est négative, on supprime le signe — de la caractéristique, on ajoute à 9 la caractéristique ainsi modifiée, puis on retranche de 9 chaque chiffre de la partie décimale, excepté le dernier chiffre significatif à droite qu'on retranche de 10.

102. Au lieu de soustraire un logarithme on peut ajouter son complément pourvu qu'on diminue de 10 la somme que l'on obtient. Exemple :

Supposons qu'il s'agisse de soustraire le logarithme de 4625 du logarithme de 89250.

Opération.

$$\begin{array}{rl} \log 89250 = & 4,9506082 \\ \text{comp. } \log 4695 = & 6,3283644 \\ \hline \text{Somme} & 11,2789726 \\ & 10 \\ \hline \text{Différence demandée} & 1,2789726 \end{array}$$

J'ajoute au logarithme de 89250 le complément du logarithme de 4695, ce qui donne 11,2789726 ; je retranche 10 de cette somme, ce qui donne la différence demandée 1,2789726.

En effet, si, au lieu de retrancher le logarithme de 4695, c'est-à-dire 3,6716356, j'ajoute son complément 6,3283644, le résultat que j'obtiens est trop grand de 3,6716356 + 6,3283644, ou de 10. Pour le ramener à sa valeur, il suffit de le diminuer de 10.

103. Il résulte, de ce qui précède, qu'au lieu de

retrancher plusieurs logarithmes, on peut ajouter leurs compléments pourvu qu'on diminue de la somme qu'on obtient autant de fois 10 unités qu'on a employé de compléments.

104. Étant donné,

$\log x = \log 3246 + \log 0,047 - \log 315,9 - \log 7046 - \log 0,0089$, calculer $\log x$, à l'aide des compléments.

D'après la règle précédente, on a

$\log x = \log 3246 + \log 0,047 + \text{comp.}\log 315,9 + \text{comp.}\log 7046 + \text{comp.}\log 0,0089 - 30$.

Opérations.

$$\begin{aligned}
\log 3246 &= 3,5113485 \\
\log 0,047 &= \bar{2},6720979 \\
\text{comp.}\log 315,9 &= 7,5004504 \\
\text{comp.}\log 7046 &= 6,1520574 \\
\text{comp.}\log 0,0089 &= 12,0506100 \\
\text{Somme} &\ \ 27,8865642 \\
&\ \ -30 \\
\log x &= \bar{3},8865642
\end{aligned}$$

Exercices.

105. Trouver le complément de chacun des logarithmes suivants :

1°.	2°.	3°.
2,8167714	6,3228393	$\bar{2}$,7049223
3,7923216	2,2294258	$\bar{1}$,8401688
0,6606758	1,7096091	$\bar{7}$,8367670
5,3271545	9,7060347	$\bar{6}$,9202277
2,9218945	5,7904259	$\bar{2}$,4154772
7,8378409	3,6665180	$\bar{3}$,0530784.

106. Effectuer, à l'aide des compléments, les soustractions suivantes :

1°. $4,0272852 - 0,9604756$ 2°. $5,2838752 - 3,3987249$ 3°. $2,4328520 - \bar{3},2852478$

4°. $\bar{5},2744508 - \bar{2},7254459$ 5°. $6,7736652 - \bar{1},9828897$ 6°. $7,0228672 - 4,2417853$.

Calculs logarithmiques.

107. Étant donné

$$x = 8,45 \times 0,6435 \times 25,4 \times 0,004578,$$

trouver la valeur de x.

Le logarithme d'un produit étant égal à la somme des logarithmes des facteurs de ce produit (77), on a

$$\log x = \log 8,45 + \log 0,6435 + \log 25,4 + \log 0,004578.$$

Opérations.

$$\log 8,45 = 0,9268567$$
$$\log 0,6435 = \bar{1},8085486$$
$$\log 25,4 = 1,4048337$$
$$\log 0,004578 = \bar{3},6606758$$
$$\log x = \bar{1},8009148$$
$$x = 0,6322877\ldots$$

108. Étant donné

$$x = \frac{845000}{254},$$

trouver la valeur de x.

Le logarithme d'un quotient étant égal au logarithme du dividende moins le logarithme du diviseur (78), on a

$$\log x = \log 845000 - \log 254,$$

ou bien (102),

$$\log x = \log 845000 + \text{comp.}\log 254 - 10.$$

Opérations.

1° $\log 845000 = 5,9268567$
$\log 254 = 2,4048337$
$\log x = 3,5220230$
$x = 3326,771\ldots$

2° $\log 845000 = 5,9268567$

$$\text{comp.}\log 254 = 7,5951663$$
$$\log x = 3,5220230$$
$$x = 3326,771\ldots$$

109. Étant donné

$$x = \frac{120 \times 36 \times 8 \times 18525}{13680 \times 52 \times 12},$$

trouver la valeur de x.

On a (77 & 78),

$$\log x = \log 120 + \log 36 + \log 8 + \log 18525 - (\log 13680 + \log 52 + \log 12),$$

ou bien (103),

$$\log x = \log 120 + \log 36 + \log 8 + \log 18525 + \text{comp.}\log 13680 + \text{comp.}\log 52 + \text{comp.}\log 12 - 30.$$

Opérations.

1°

$$\log 120 = 2,0791812$$
$$\log 36 = 1,5563025$$
$$\log 8 = 0,9030900$$
$$\log 18525 = 4,2677582$$
$$\text{Somme } 8,8063319$$

$$\log 13680 = 4,1360861$$
$$\log 52 = 1,7160033$$
$$\log 12 = 1,0791812$$
$$\text{Somme } 6,9312706$$

$$8,8063319$$
$$6,9312706$$
$$\log x = 1,8750613$$
$$x = 75.$$

2°

$$\log 120 = 2,0791812$$
$$\log 36 = 1,5563025$$
$$\log 8 = 0,9030900$$

$$\log 18525 = 4{,}2677582$$
$$\text{comp.}\log 13680 = 5{,}8639139$$
$$\text{comp.}\log 52 = 8{,}2839967$$
$$\text{comp.}\log 12 = 8{,}9208188$$

$$\text{somme} \quad 31{,}8750613$$
$$-30$$

$$\log x = 1{,}8750613$$
$$x = 75.$$

110. Étant donné

$$x = 0{,}981^7,$$

trouver la valeur de x.

Le logarithme d'une puissance d'un nombre étant égal au logarithme de ce nombre multiplié par le degré de la puissance (79), on a

$$\log x = 7 \log 0{,}981.$$

Opérations.

$$\log 0{,}981 = \bar{1}{,}9916690$$
$$\log x = \bar{1}{,}9416830$$
$$x = 0{,}87434\ldots$$

111. Étant donné

$$x = \sqrt[7]{542782}$$

trouver la valeur de x.

Le logarithme d'une racine d'un nombre étant égal au logarithme de ce nombre divisé par le degré de la racine (80), on a

$$\log x = \frac{1}{7} \log 542782.$$

Opérations.

$$\log 542782 = 5{,}7346254$$
$$\log x = 0{,}8192322$$
$$x = 6{,}595\ldots$$

112. Étant donné

$$x = \sqrt[12]{\frac{45}{437}}$$

trouver la valeur de x.

On a

$$\log x = \frac{1}{12}(\log 45 - \log 437).$$

Opération.

$\log 45 = 1,6532125$
$\log 437 = 2,6404814$
Différence $\bar{1},0127311$
$\log x = \bar{1},9177276$
$x = 0,8274\ldots$

113. Étant donné

$$x = \frac{\sqrt[5]{21685 \times \left(\frac{67}{143}\right)^9}}{\sqrt[3]{152^2 \times 0,29^4 \times \sqrt[4]{\frac{42}{89}}}},$$

trouver la valeur de x.

On a

$$\log x = \frac{1}{5}\left(\log 21685 + 9 \log \frac{67}{143}\right) - \frac{1}{3}\left(2 \log 152 + 4 \log 0,29 + \frac{1}{4} \log \frac{42}{89}\right).$$

Opération.

$\log 21685 = 4,3361594$
$\log 67 = 1,8260748$
$\log 143 = 2,1553360$
$\log 152 = 2,1818436$
$\log 0,29 = \bar{1},4623980$
$\log 42 = 1,6232493$
$\log 89 = 1,9493900$

$\log 21685 = 4,3361594$
$9 \log \frac{67}{143} = \bar{3},0366492$
somme $1,3728086$
$\frac{1}{5}$ $0,2745617$

$$2\log 152 = 4,3636872$$
$$4\log 0,29 = \bar{3},8495920$$
$$\frac{1}{4}\log\frac{42}{89} = \bar{1},9184648$$

Somme $2,1317440$

$\frac{1}{3}$ $0,7105813$

$$0,2745617$$
$$0,7105813$$
$$\log x = \bar{1},5639804$$
$$x = 0,36642\ldots$$

114. Étant donné

$$x = \sqrt[7]{\frac{\sqrt[11]{87425789^3 \times \left(\frac{216425}{9724867}\right)^5}}{\sqrt[8]{0,00452823^7 \times 589^9}}},$$

trouver la valeur de x.

On a

$$\log x = \frac{1}{7}\left[\frac{1}{11}\left(3\log 87425789 + 5\log\frac{216425}{9724867}\right) - \frac{1}{8}\left(7\log 0,00452823 + 9\log 589\right)\right]$$

Opération.

$$\log 87425789 = 7,9416395$$
$$\log 216425 = 5,3353074$$
$$\log 9724867 = 6,9878836$$
$$\log 0,00452823 = \bar{3},6559284$$
$$\log 589 = 2,7701153$$

$$3\log 87425789 = 23,8249185$$
$$5\log\frac{216425}{9724867} = \bar{9},7371190$$

Somme $15,5620375$

$\frac{1}{11}$ 1,4147306

$$7 \log 0{,}00452823 = \overline{17},5914988$$
$$9 \log 589 = 24{,}9310377$$

somme 8,5225365

$\frac{1}{8}$ 1,0653170

1,4147306
1,0653170

Différence 0,3494136

$$\log x = 0{,}0499162$$
$$x = 1{,}1218\ldots$$

Exercices.

115. Calculer, au moyen des logarithmes, les expressions suivantes :

1° $42{,}8724 \times 14{,}2189 \times 0{,}0149$

2° $0{,}00025429 \times 29{,}42578$

3° $4{,}58^5 \times 8{,}674^3 \times 0{,}074435^7$

4° $2{,}54482^5$

5° $0{,}452892^9$

6° $0{,}008794^{15}$

7° $\dfrac{524235798}{9358279}$

8° $\dfrac{789253}{98257032}$

9° $\sqrt[3]{872574235}$

10° $\dfrac{6427 \times 56848}{529 \times 78974}$

11° $\dfrac{2843278}{8219 \times 532}$

12° $\sqrt[7]{8205{,}542}$

13° $\dfrac{49^7 \times 26^5 \times 7^{15}}{63^6 \times 84^3 \times 128^8}$

14° $\dfrac{\sqrt[13]{582874^4}}{258^5 \times 0{,}0074^6}$

15° $\sqrt[3]{2748^4}$

16° $\sqrt[5]{145^9 \times 0{,}7^{10}}$

17° $\sqrt[3]{1245^7}$

18° $\sqrt[11]{18229^7}$

19° $\sqrt[3]{\dfrac{14392}{5297}}$

20° $\sqrt[6]{\dfrac{182945}{7288435}}$

21° $\sqrt[8]{\dfrac{862^5}{13^7}}$

22° $\dfrac{\sqrt[7]{1,87^3 \times 0,029^3}}{\sqrt[10]{8,14^{12}}}$ 23° $\dfrac{\sqrt[4]{5,29^7}}{\sqrt[5]{81245^3}}$ 24° $\dfrac{\sqrt[3]{642^4 \times \left(\frac{47}{69}\right)^8}}{\sqrt[7]{6229^3 \times 0,59^2}}$

25° $\dfrac{286247 \times 521267 \times 643 \times 8209078 \times 5293218}{53329 \times 7831 \times 52907 \times 428637 \times 62395}$

26° $\dfrac{\sqrt[5]{8907^4 \times \left(\frac{524}{953}\right)^7}}{\sqrt[13]{0,743^6 \times \left(\frac{141}{19}\right)^9 \times 8^{14}}}$ 27° $\sqrt[16]{\dfrac{\sqrt[12]{472^9 \times \left(\frac{473}{1912}\right)^3 \times 0,047^5}}{\sqrt[5]{0,00179^4 \times \left(\frac{109}{27}\right)^6 \times 17^9}}}$

28° $\sqrt[11]{(87^9 - 141^3) + \left[7247^2 \times \left(\frac{183}{412}\right)^5 \times 0,129^7\right]}$

Intérêt composé.

110. Trouver ce que devient un capital a placé à intérêt composé pendant un nombre entier n d'années, r exprimant l'intérêt d'un franc au bout d'un an.

L'intérêt de 1 franc au bout d'un an étant représenté par r, 1 franc vaut, au bout d'un an,
$1+r$,
et le capital a vaut, au bout d'un an, $a \times (1+r)$.

Ainsi, pour trouver ce que vaut, au bout d'un an, un capital quelconque, il faut multiplier ce capital par $1+r$.

Le capital a vaudra donc, au bout de 2 ans,
$a \times (1+r) \times (1+r) = a \times (1+r)^2$,
---------- au bout de 3 ans ---- $a \times (1+r)^3$,
---------- au bout de 4 ans ---- $a \times (1+r)^4$,

---------- au bout de n années ---- $a \times (1+r)^n$.

Donc, si on représente par A la valeur du capital a

au bout de n années, on aura

$$A = a \times (1+r)^n;$$

ce qui donne la formule logarithmique

$$\log A = \log a + n \log(1+r). \qquad (\alpha)$$

117. De la formule précédente, on déduit :

$$\log a = \log A - n \log(1+r); \qquad (b)$$

$$\log(1+r) = \frac{\log A - \log a}{n}; \qquad (c)$$

$$n = \frac{\log A - \log a}{\log(1+r)}. \qquad (d)$$

118. Trouver ce que devient un capital a, placé à intérêt composé, pendant n années plus m jours, r exprimant l'intérêt d'un franc au bout d'un an.

Le capital a vaut (116) au bout de n années, $a \times (1+r)^n$; or l'intérêt de 1 franc, au bout de m jours est $\frac{r \times m}{360}$, donc 1 franc vaut, au bout de m jours, $1 + \frac{r \times m}{360}$, et le capital $a \times (1+r)^n$ vaut, au bout de m jours, $a \times (1+r)^n \times \left(1 + \frac{r \times m}{360}\right)$.

Donc, si on représente par A la valeur de a, au bout de n années plus m jours, on aura

$$A = a \times (1+r)^n \times \left(1 + \frac{r \times m}{360}\right).$$

ce qui donne la formule logarithmique

$$\log A = \log a + n \log(1+r) + \log\left(1 + \frac{r \times m}{360}\right). \qquad (e)$$

119. De la formule précédente, on déduit :

$$\log a = \log A - n \log(1+r) - \log\left(1 + \frac{r \times m}{360}\right). \qquad (f)$$

120. Combien le capital 45000 francs placé à 5 pour cent par an vaudra-t-il dans 8 ans ?

La formule (a) (116), donne, en faisant $a = 45000$, $r = 0,05$ et $n = 8$,

$$\log A = \log 45000 + 8 \log 1,05.$$

Opération.

$$\begin{aligned} \log 45000 &= 4,6532125 \\ 8 \log 1,05 &= 0,1695144 \\ \hline \log A &= 4,8227269 \\ A &= 66485,49. \end{aligned}$$

Le capital 45000 francs vaudra donc, au bout de 8 ans, 66485 f.^rs 49.

121. Quel capital faut-il placer, à 5 pour cent par an, pour qu'il vaille 14560 francs au bout de 12 ans ?

La formule (b) (117), donne, en faisant $A = 14560$, $r = 0,05$ et $n = 12$,

$$\log a = \log 14560 - 12 \log 1,05.$$

Opération.

$$\begin{aligned} \log 14560 &= 4,1631614 \\ 12 \log 1,05 &= 0,2542716 \\ \hline \log a &= 3,9088898 \\ a &= 8107,55. \end{aligned}$$

Le capital demandé est 8107 francs, 55.

122. A quel taux faut-il placer le capital 45000 f.^rs pour qu'il vaille 66485 f.^rs, 49 au bout de 8 ans ?

La formule (c) (117), donne, en faisant $a = 45000$, $A = 66485,49$ et $n = 8$,

$$\log (1 + r) = \frac{\log 66485,49 - \log 25000}{8}.$$

Opération.

$$\begin{aligned} \log 66485,49 &= 4,8227269 \\ \log 45000 &= 4,6532125 \\ \hline \text{Différence} & \quad 0,1695144 \end{aligned}$$

$$\log(1+r) = 0,0211893$$
$$1+r = 1,05.$$

Retranchant 1 de 1,05, on a $r = 0,05$. Le taux est donc 5 francs.

123. Pendant combien de temps faut-il placer, à 5 pour cent par an, un capital de 56800 francs pour que ce capital vaille 100000 francs ?

La formule (d) (117), donne, en faisant $a = 56800$, $A = 100000$ et $r = 0,05$,

$$n = \frac{\log 100000 - \log 56800}{\log 1,05}.$$

Opération.

$$\log 100000 = 5,0000000$$
$$\log 56800 = 4,7543483$$
$$\text{Différence} \quad 0,2456517$$
$$\log 1,05 = 0,0211893$$

$$n = \frac{0,2456517}{0,0211893} = 11,593\ldots$$

Le capital 56800 francs vaudra 100000 francs dans 11 ans et environ $\frac{593}{1000}$ d'année, ce qui fait 11 ans 213 jours.

On obtiendra plus exactement le nombre de jours en calculant la valeur de 56800 francs au bout de 11 ans, et en cherchant ensuite pendant combien de jours il faudra placer cette valeur pour qu'elle devienne égale à 100000 francs.

La formule (a) (116), donne, en faisant $a = 56800$, $r = 0,05$ et $n = 11$,

$$\log A = \log 56800 + 11 \log 1,05.$$

Opération.

$$\log 56800 = 4,7543483$$

$$11 \log 1,05 = 0,2330823$$

$$\log A = 4,9874306$$

$$A = 97147,27.$$

Le capital 56800 francs vaudra donc, au bout de 11 ans, 97147 f.ᶜˢ 27. Je retranche cette valeur de 100000 francs, ce qui donne 2852 f.ᶜˢ 73, et la question est ramenée à chercher pendant combien de jours il faut placer 97147 f.ᶜˢ 27 pour avoir 2852 f.ᶜˢ 73 d'intérêt ?

Soit x ce nombre de jours; on trouve

$$x = \frac{360 \times 100 \times 2852,73}{5 \times 97147,27},$$

ce qui donne, en opérant par logarithmes,

$\log x = \log 360 + \log 100 + \log 2852,73 + \text{comp.} \log 5 + \text{comp.} \log 97147,27 - 20.$

Opération.

$$\begin{aligned} \log 360 &= 2,5563025 \\ \log 100 &= 2,0000000 \\ \log 2852,73 &= 3,4552607 \\ \text{comp.} \log 5 &= 9,3010300 \\ \text{comp.} \log 97147,27 &= 5,0125694 \\ \text{somme} &\ \ 22,3251626 \\ &- 20 \\ \log x &= 2,3251626 \\ x &= 211,4. \end{aligned}$$

x étant égal à 211 jours, on voit que le capital 56800 francs vaudra 100000 francs au bout de 11 ans 211 jours.

124. Combien le capital 45000 francs, placé à 5 pour cent par an vaudra-t-il dans 8 ans 215 jours ?

La formule (e) (118), donne, en faisant $a = 45000$, $r = 0,05$, $n = 8$ et $m = 215$,

$$\log A = \log 45000 + 8 \log 1{,}05 + \log \frac{370.75}{360}.$$

Opérations.

$$\log 45000 = 4{,}6532125$$
$$8 \log 1{,}05 = 0{,}1695144$$
$$\log \frac{370{,}75}{360} = 0{,}0127786$$
$$\log A = 4{,}8355055$$
$$A = 68470{,}81.$$

Le capital 45000 francs vaudra, au bout de 8 ans 215 jours, 68470 f.^{cs}, 81.

125. Quel capital faut-il placer à 5 pour 100 par an, pour qu'il vaille 15240 francs, au bout de 12 ans 210 jours?

La formule (F) (119), donne, en faisant $A = 15240$, $r = 0{,}05$, $n = 12$ et $m = 210$,

$$\log a = \log 15240 - 12 \log 1{,}05 - \log \frac{370{,}50}{360}.$$

Opérations.

$$\log 15240 = 4{,}1829850$$
$$12 \log 1{,}05 = 0{,}2542716$$

Différence $3{,}9287134$

$$\log \frac{370{,}50}{360} = 0{,}0124857$$
$$\log a = 3{,}9162277$$
$$a = 8245{,}70.$$

Le capital demandé est 8245 francs, 70.

126. A quel taux faut-il placer le capital 1247 f.^{cs} 65 pour qu'il vaille 1453 f.^{cs}, 675 au bout de 3 ans 5 mois 18 jours.

$$3 \text{ ans } 5 \text{ mois } 18 \text{ jours} = \frac{1248}{360} \text{ d'année}.$$

Pour résoudre ce problème, nous emploierons la formule (C) (117), en donnant à n la valeur fractionnaire $\frac{1248}{360}$, et en faisant $a = 1247{,}65$ et $A = 1453{,}675$;

nous aurons donc

$$\log(1+r) = \frac{\log 1453{,}675 - \log 1247{,}65}{\frac{1248}{360}}.$$

Opérations.

$$\log 1453{,}675 = 3{,}1624672$$
$$\log 1247{,}65 = 3{,}0960927$$
$$\text{Différence} \quad 0{,}0663745$$

$$\log(1+r) = \frac{0{,}0663745 \times 360}{1248} = 0{,}0191464$$

$$1+r = 1{,}045072.$$

Retranchant 1 de 1,045072, on a $r = 0{,}045072$. Le taux est donc 4f.^{cs}, 50; en négligeant les unités inférieures aux centièmes.

127. On place deux capitaux: l'un de 25000 francs, à 5 pour cent par an; l'autre de 40000 francs, à 3 f.^{cs}, 50 pour cent par an. Dans combien d'années ces deux capitaux auront-ils la même valeur?

Soit n ce nombre d'années. Le premier capital vaudra, au bout de n années $25000 \times 1{,}05^n$, et le second, $40000 \times 1{,}035^n$; et comme après ce temps, les deux capitaux doivent avoir la même valeur, on a

$$25000 \times 1{,}05^n = 40000 \times 1{,}035^n$$

$$1{,}05^n = \frac{40000}{25000} \times 1{,}035^n$$

$$\frac{1{,}05^n}{1{,}035^n} = \frac{40000}{25000}$$

$$\left(\frac{1{,}05}{1{,}035}\right)^n = \frac{40000}{25000},$$

et, par logarithmes,

$$n(\log 1{,}05 - \log 1{,}035) = \log 40000 - \log 25000$$

$$n = \frac{\log 40000 - \log 25000}{\log 1,05 - \log 1,035}$$

Opérations.

$$\log 40000 = 4,6020600$$
$$\log 25000 = 4,3979400$$
Différence $0,2041200$

$$\log 1,05 = 0,0211893$$
$$\log 1,035 = 0,0149404$$
Différence $0,0062489$

$$n = \frac{0,2041200}{0,0062489} = 32,66...$$

Les deux capitaux auront la même valeur dans 32 ans et environ $\frac{66}{100}$ d'année.

Problèmes à résoudre.

1. Combien le capital 8400 francs, placé à 5 pour cent par an, vaudra-t-il dans 50 ans ?
2. Combien le capital 25400 francs, placé à 4 f.^{s}, 50 pour cent par an, vaudra-t-il dans 30 ans ?
3. Combien le capital 12000 francs, placé à 3 f.^{s}, 80 pour cent par an vaudra-t-il dans 25 ans ?
4. Combien le capital 5260 francs, placé à 5 pour cent par an vaudra-t-il dans 40 ans ?
5. Trouver ce que vaudrait 1 franc, placé à 5 pour cent par an, au bout de 500 ans.
6. Combien le capital 15300 francs, placé à 4 f.^{s} 50 pour cent par an, vaudra-t-il dans 33 mois ?
7. Trouver l'intérêt composé de 16000 francs, placés à 4 f.^{s}, 50 pour cent par an, pendant 3 ans 8 mois 24 jours.
8. Trouver l'intérêt composé de 8000 francs, placés à 4 pour cent par an pendant 7 ans 6 mois.

9. Trouver l'intérêt composé de 3400 francs, placés à 5 pour cent par an pendant 3 ans 6 mois.

10. Combien le capital 174000 francs, placé à 5 pour cent par an, vaudra-t-il dans 4 ans?

11. Combien le capital 20000 francs, placé à 6 pour cent par an, vaudra-t-il dans 6 ans 8 mois?

12. Combien le capital 45000 francs, placé à 6 pour cent par an, vaudra-t-il dans 8 ans 6 mois 15 jours?

13. Quel est l'intérêt composé de 37250 francs placés à 5 pour cent par an pendant 3 ans 8 mois 20 jours?

14. Quel est l'intérêt composé de 1247 fr. 65, placés à 4 fr. 50 pour cent par an, pendant 3 ans 5 mois 18 jours?

15. Combien le capital 10000 francs, placé à 5 pour cent par an, vaudra-t-il dans 6 ans?

16. Combien le capital 90850 francs, placé à 5 pour cent par an, vaudra-t-il dans 40 ans?

17. Un capital placé à 5 pour cent par an pendant 3 ans 6 mois vaut, au bout de ce temps 9492 fr. 50. Quel est ce capital?

18. Pendant combien de temps faut-il placer, à 6 pour cent par an, un capital de 30000 francs, pour que ce capital vaille 34550 fr. 70?

19. Un capital placé à 5 pour cent par an, pendant 5 ans, vaut, au bout de ce temps, 408410 fr. 60. Quel est ce capital?

20. Pendant combien de temps faut-il placer à 5 pour cent par an, un capital de 640000 francs, pour que ce capital vaille 857661 fr. 80?

21. Un capital placé à 5 pour cent par an pendant 4 ans 3 mois, vaut, au bout de ce temps 44305 fr. 20. Quel est ce capital?

22. Pendant combien de temps faut-il placer un capital, à 5 pour cent par an, pour que ce capital soit doublé?

23. A quel taux faut-il placer 3548 francs pour que

ce capital vaille 60245 francs, au bout de 11 ans ?

24. A quel taux faut-il placer un capital de 50000 francs pour qu'il vaille 82340 francs au bout de 9 ans ?

25. Quel capital faut-il placer, à 4 pour cent par an, pour qu'il vaille 125460 francs, au bout de 60 ans ?

26. A quel taux faut-il placer un capital de 22680 francs pour qu'il vaille 30340 francs, au bout de 6 ans 8 mois ?

27. A quel taux faut-il placer un capital de 80400 francs pour qu'il vaille 180962 f.^{rs}, 50 au bout de 16 ans 260 jours ?

28. Quel capital faut-il placer à 5 pour cent par an, pour qu'il vaille 267615 francs au bout de 18 ans 9 mois ?

29. Pendant combien de temps faut-il placer à 5 pour cent par an, un capital de 24000 francs, pour que ce capital vaille 350000 francs ?

30. Une personne place deux capitaux : l'un de 15000 francs, à 6 pour cent par an ; l'autre de 35000 f.^{rs}, à 3 f.^{rs}, 40 pour cent par an. Dans combien d'années ces deux capitaux auront-ils la même valeur ?

Annuités.

128. On place chaque année, à intérêt composé, une somme a, pendant n années. Quelle sera la valeur totale de tous ces placements au bout de la $n^{ième}$ année, r exprimant l'intérêt d'un franc au bout d'un an ?

(La somme a est une annuité).

La première somme étant placée pendant n années vaut, au bout de ce temps, $a \times (1+r)^n$;

La seconde, étant placée pendant $n-1$ années, vaut au bout de ce temps, $a \times (1+r)^{n-1}$;

La troisième, étant placée pendant $n-2$ années, vaut, au bout de ce temps, $a \times (1+r)^{n-2}$;

La dernière somme étant placée pendant 1 an, vaut, au bout de ce temps, $a \times (1+r)$.

Par conséquent, la valeur totale de toutes ces sommes, au bout de la $n^{ième}$ année, est

$a\times(1+r)+a\times(1+r)^2+a\times(1+r)^3+ \ldots\ldots + a\times(1+r)^n$.

Cette valeur est la somme des termes d'une progression par quotient dont le premier terme est $a\times(1+r)$; le dernier, $a\times(1+r)^n$, et la raison, $1+r$. Elle est égale à (49)

$$\frac{a\times(1+r)^n\times(1+r)-a\times(1+r)}{r}=\frac{a\times(1+r)\times[(1+r)^n-1]}{r};$$

donc, si on représente par A la valeur demandée, on aura

$$A=\frac{a\times(1+r)\times[(1+r)^n-1]}{r}. \quad (a)$$

129. De la formule précédente, on déduit :

$$a=\frac{Ar}{(1+r)\times[(1+r)^n-1]}. \quad (b)$$

130. On emprunte une somme A et on voudrait rembourser le capital avec l'intérêt composé, en n années, au moyen de n payements égaux effectués à la fin de chaque année. Quel doit être le montant a de chacun de ces payements, r exprimant l'intérêt d'un franc au bout d'un an ?

(La valeur de a est une annuité).

Le premier payement, effectué au bout de la première année, vaudra à la fin de la $n^{ième}$ année, $a\times(1+r)^{n-1}$;

Le deuxième, effectué au bout de la deuxième année, vaudra à la fin de la $n^{ième}$ année, $a\times(1+r)^{n-2}$;

L'avant-dernier payement, effectué au bout de $n-1$ années, vaudra à la fin de la $n^{ième}$ année, $a\times(1+r)$;

Enfin, le dernier, effectué au bout de n années, vaudra a.

La valeur totale de tous ces payements, au bout de la $n^{\text{ième}}$ année est donc

$$a + a\times(1+r) + a\times(1+r)^2 + a\times(1+r)^3 + \ldots\ldots + a\times(1+r)^{n-1}.$$

Cette valeur est la somme des termes d'une progression par quotient dont le premier terme est a; le dernier $a\times(1+r)^{n-1}$, et la raison $1+r$. Elle est égale à (49)

$$\frac{a\times(1+r)^n - a}{r} = a\times\frac{(1+r)^n-1}{r}.$$

D'un autre côté, la somme A vaut, au bout de n années, $A\times(1+r)^n$; donc on doit avoir

$$a\times\frac{(1+r)^n-1}{r} = A\times(1+r)^n,$$

et, en divisant chaque membre par $\frac{(1+r)^n-1}{r}$

$$a = \frac{Ar\times(1+r)^n}{(1+r)^n-1}. \qquad \text{(c)}$$

131. De la formule précédente, on déduit :

1° $$A = \frac{a\times[(1+r)^n-1]}{r\times(1+r)^n}. \qquad \text{(d)}$$

2° $$a\times(1+r)^n - a = Ar\times(1+r)^n$$

$$a\times(1+r)^n = [Ar\times(1+r)^n] + a$$

$$a\times(1+r)^n - Ar\times(1+r)^n = a$$

$$(a-Ar)\times(1+r)^n = a$$

$$(1+r)^n = \frac{a}{a-Ar},$$

et, par logarithmes,

$$n\log(1+r) = \log a - \log(a-Ar)$$

$$n = \frac{\log a - \log(a-Ar)}{\log(1+r)} \qquad \text{(e)}$$

132. Une personne place, au commencement de chaque année, à intérêt composé et à 5 pour cent par an, une somme de 600 francs, pendant 30 ans. Quelle sera la valeur totale de tous ces placements au bout de la trentième année ?

La formule (a) (128), donne, en faisant $a = 600$, $r = 0,05$ et $n = 30$,

$$A = \frac{600 \times 1,05 \times (1,05^{30} - 1)}{0,05},$$

et, par logarithmes,

$$\log A = \log 600 + \log 1,05 + \log (1,05^{30} - 1) + \text{comp.} \log 0,05 - 10.$$

Opération.

$$\log 1,05 = 0,0211893$$
$$30 \log 1,05 = 0,6356790$$
$$1,05^{30} = 4,321942$$
$$1,05^{30} - 1 = 3,321942$$

$$\log 600 = 2,7781513$$
$$\log 1,05 = 0,0211893$$
$$\log (1,05^{30} - 1) = 0,5213920$$
$$\text{comp.} \log 0,05 = 11,3010300$$

Somme $14,6217626$
$-\ 10$

$$\log A = 4,6217626$$
$$A = 41856,47.$$

La valeur demandée est 41856 fr., 47.

133. Quelle somme faut-il placer au commencement de chaque année, à intérêt composé et à 5 pour cent par an, pendant 30 ans, pour que la valeur totale de tous ces placements soit égale à 41856 fr., 47 au bout de la trentième année ?

La formule (b) (129), donne, en faisant $A = 41856,47$, $r = 0,05$ et $n = 30$,

$$a = \frac{41856,47 \times 0,05}{1,05 \times (1,05^{30} - 1)},$$

et, par logarithmes,

$\log a = \log 41856,47 + \log 0,05 + \text{comp.} \log 1,05$
$+ \text{comp.} \log (1,05^{30} - 1) - 20$.

Opérations.

$$1,05^{30} - 1 = 3,321942. \quad (132)$$

$$\begin{aligned} \log 41856,47 &= 4,6217626 \\ \log 0,05 &= \bar{2},6989700 \\ \text{comp.} \log 1,05 &= 9,9788107 \\ \text{comp.} \log (1,05^{30} - 1) &= 9,4786080 \\ \text{Somme} \quad & 22,7781513 \\ & -20 \\ \log a &= 2,7781513 \\ a &= 600. \end{aligned}$$

Il faut placer chaque année 600 francs.

134. Une personne emprunte une somme de 40000^{fr}, et elle voudrait rembourser le capital avec l'intérêt composé à 5 pour cent par an, en 15 ans, au moyen de 15 payements égaux effectués à la fin de chaque année. Quel doit être le montant de chacun de ces payements?

La formule (C) (130), donne, en faisant $A = 40000$, $r = 0,05$ et $n = 15$,

$$a = \frac{40000 \times 0,05 \times 1,05^{15}}{1,05^{15} - 1},$$

et, par logarithmes,

$\log a = \log 40000 + \log 0,05 + 15 \log 1,05 + \text{comp.} \log (1,05^{15} - 1)$
$- 10$.

Opérations.

$$\log 1,05 = 0,0211893$$

$$15 \log 1,05 = 0,3178395$$
$$1,05^{15} = 2,078928$$
$$1,05^{15} - 1 = 1,078928$$

$$\log 40000 = 4,6020600$$
$$\log 0,05 = \bar{2},6989700$$
$$15 \log 1,05 = 0,3178395$$
$$\text{comp.} \log (1,05^{15} - 1) = 9,9670076$$
$$\text{Somme} \quad 13,5858771$$
$$-10$$
$$\log a = 3,5858771$$
$$a = 3853,69$$

Chaque payement doit être de 3853f.,69.

135. Une personne emprunte une certaine somme. Elle rembourse le capital avec l'intérêt composé à 5 pour cent par an, en 10 ans, au moyen de 10 payements de 6450 francs chacun, effectués à la fin de chaque année. Quelle est la somme prêtée?

La formule (d)(131), donne, en faisant $a = 6450$, $r = 0,05$ et $n = 10$,

$$A = \frac{6450 \times (1,05^{10} - 1)}{0,05 \times 1,05^{10}},$$

et, par logarithmes,

$$\log A = \log 6450 + \log (1,05^{10} - 1) + \text{comp.} \log 0,05 + \text{comp.} 10 \log 1,05 - 20.$$

Opérations

$$\log 1,05 = 0,0211893$$
$$10 \log 1.05 = 0,2118930$$
$$1,05^{10} = 1,628894$$
$$1,05^{10} - 1 = 0,628894$$

$$\log 6450 = 3,8095597$$
$$\log (1,05^{10} - 1) = \bar{1},7985774$$

$$\text{comp. log } 0{,}05 = 11{,}3010300$$
$$\text{comp. } 10 \log 1{,}05 = 9{,}7881070$$
$$\text{Somme} \quad 24{,}6972141$$
$$-\ 20$$
$$\log A = 4{,}6972741$$
$$A = 49805{,}16.$$

La somme prêtée est 49805 fr., 16.

136. Au bout de combien d'années aura-t-on amorti une dette de 40000 francs, prêtés à 5 pour cent par an, si l'on paye chaque année 3853 fr., 70 ?

La formule (c) (131), donne, en faisant $A = 40000$, $a = 3853{,}70$ et $r = 0{,}05$,

$$n = \frac{\log 3853{,}70 - \log[3853{,}70 - (40000 \times 0{,}05)]}{\log 1{,}05}$$

$$= \frac{\log 3853{,}70 - \log 1853{,}70}{\log 1{,}05}.$$

Opération.

$$\log 3853{,}70 = 3{,}5858778$$
$$\log 1853{,}70 = 3{,}2680394$$
$$\text{Différence} \quad 0{,}3178384$$
$$\log 1{,}05 = 0{,}0211893$$

$$n = \frac{0{,}3178384}{0{,}0211893} = 14{,}999\ldots$$

Le nombre d'années demandé est 15.

137. Au bout de combien d'années aura-t-on amorti une dette de 80000 francs, prêtés à 5 pour cent par an, si l'on paye chaque année 5400 francs ?

La formule (c) (131), donne, en faisant $A = 80000$, $a = 5400$ et $r = 0{,}05$,

$$n = \frac{\log 5400 - \log[5400 - (80000 \times 0{,}05)]}{\log 1{,}05}$$

$$= \frac{\log 5400 - \log 1400}{\log (1,05)}$$

Opérations.

$$\log 5400 = 3,7323938$$
$$\log 1400 = 3,1461280$$

Différence $0,5862658$

$$\log 1,05 = 0,0211893$$

$$n = \frac{0,5862658}{0,0211893} = 27,668\ldots$$

Le nombre d'années demandé est 27, plus une fraction.

Pour amortir la dette de 80000 francs, il faudra payer 27 annuités de 5400 francs, plus une somme plus petite que 5400 francs.

Pour trouver cette somme, on cherche d'abord la valeur totale des 27 annuités de 5400 francs, au bout de la 27ième année. Cette valeur est (

$$\frac{5400 \times (1,05^{27} - 1)}{0,05} = 295213 \text{ francs};$$

On cherche ensuite la valeur du capital 80000 francs au bout de 27 ans. Cette valeur est (

$$80000 \times 1,05^{27} = 298676 \text{ francs},$$

et on retranche 295213 francs de 298676 francs, ce qui donne 3463 francs.

Par conséquent, pour que la dette soit complètement amortie, il faudra payer 27 annuités de 5400 francs, plus 3463 francs.

Problèmes à résoudre.

1. Une personne place chaque année, à intérêt composé et à 5 pour cent par an, une somme de 340 francs, pendant 40 ans. Quelle sera la valeur totale de tous ces placements au bout de la quarantième année ?

2. Un ouvrier économise chaque année une somme de 200

francs et place cet argent à intérêt composé, à 5 pour cent par an. On demande ce qu'auront produit ses économies, 25 ans après le premier placement.

3. Une personne disait : depuis 30 années, j'ai dépensé inutilement, terme moyen, 2 francs par jour : si j'avais économisé cet argent et que je l'eusse placé à la fin de chaque année, à intérêt composé et à 5 pour cent par an, j'aurais aujourd'hui le double de ce que je possède encore. Que possède cette personne ? (on supposera chaque année composée de 365 jours).

4. Une personne voudrait constituer une dot à sa fille. A cet effet, elle place une somme de 800 francs, chaque année, à partir du jour de la naissance de sa fille jusqu'à l'époque de son mariage, et elle laisse les intérêts s'accumuler d'année en année. L'argent étant placé à 5 pour cent par an, on demande à combien montera la dot, si la fille se marie à l'âge de 20 ans.

5. Quelle somme doit-on placer au commencement de chaque année, à intérêt composé, à 4 fr. 50 pour cent par an, pendant 22 ans, pour que la valeur totale de tous ces placements soit égale 56260 francs, au bout de la vingt-deuxième année ?

6. Une personne doit payer 15000 francs dans 10 ans. Pour avoir plus de facilité de faire ce payement, elle place au commencement de chacune des 10 années, une certaine somme, à 4 fr. 50 pour cent par an, et elle laisse les intérêts s'accumuler d'année en année. Au bout de la dixième année, la valeur totale de tous ces placements est égale à la somme à payer 15000 francs. Trouver la valeur de chaque placement.

7. On place chaque année une certaine somme, à 4 pour cent par an, et on laisse les intérêts s'accumuler d'année en année. Quelle doit être cette somme, sachant qu'au bout de 15 ans, la valeur totale de tous ces placements est égale à 45000 francs ?

8. Un particulier emprunte une somme de 80000 francs et il voudrait rembourser le capital avec l'intérêt composé à 5 pour cent par an, en 20 ans, au moyen de 20 payements égaux effectués à la fin de chaque année. Trouver la valeur de l'annuité.

9. Une ville emprunte une somme de 450000 francs, sous condition de rembourser le capital avec l'intérêt composé à 4 f^{rs}, 50 pour cent par an, en 25 ans, au moyen de 25 payements égaux effectués à la fin de chaque année. Trouver la valeur de l'annuité.

10. Une personne achète une propriété pour 75000 francs. Elle offre de payer cette somme avec l'intérêt composé, à 5 pour cent par an, en donnant chaque année, une annuité de 6500 francs. Dans combien d'années aura-t-elle payé sa dette ?

11. Une personne emprunte une somme, sous condition de rembourser le capital avec l'intérêt composé, à 5 pour cent par an, en 18 ans, au moyen de 18 payements de 7200 francs chacun, effectués à la fin de chaque année. Quelle est la somme prêtée ?

12. Au bout de combien d'années aura-t-on amorti une dette de 250000 francs, prêtés à 4 pour cent par an, si l'on paye chaque année 18000 francs ?

13. Une personne emprunte une certaine somme. Elle rembourse le capital avec l'intérêt composé à 5 pour cent par an, en 12 ans, au moyen de 12 payements de 3420 francs chacun, effectués à la fin de chaque année. Quelle est la somme prêtée ?

14. Un industriel emprunte une somme de 150000 francs, qu'il affecte à la construction d'une usine, sous condition de rembourser le capital avec l'intérêt composé à 5 pour cent par an, en 28 ans, au moyen de 28 payements égaux, effectués à la fin de chaque année. Trouver la valeur de l'annuité.

15. Au bout de combien d'années aura-t-on amorti une dette de 18580 francs, prêtés à 4 f^{rs}, 50 pour cent par an, si l'on paye chaque année 1500 francs ?

Tables de mortalité.

138. On fait usage des tables de mortalité pour la résolution des problèmes sur les rentes viagères, les assu. ances sur la vie et les tontines. Nous donnerons la table de mortalité de Duvillard et celle de Deparcieux.

Loi de la mortalité en France, d'après Duvillard.

Âges.	Vivants.	Âges.	Vivants.	Âges.	Vivants.	Âges.	Vivants.
0	1000000	28	451835	56	248782	84	15175
1	767525	29	444932	57	240214	85	11886
2	671834	30	438183	58	231488	86	9224
3	624668	31	431398	59	222605	87	7165
4	598713	32	424583	60	213567	88	5670
5	583151	33	417744	61	204380	89	4686
6	573025	34	410886	62	195054	90	3830
7	565838	35	404012	63	185600	91	3093
8	560245	36	397123	64	176035	92	2466
9	555486	37	390219	65	166375	93	1938
10	551122	38	383300	66	156651	94	1499
11	546888	39	376363	67	146882	95	1140
12	542630	40	369404	68	137102	96	850
13	538255	41	362419	69	127347	97	621
14	533711	42	355400	70	117656	98	442
15	528969	43	348342	71	108070	99	307
16	524020	44	341235	72	98637	100	207
17	518863	45	334072	73	89404	101	135
18	513502	46	326843	74	80423	102	84
19	507949	47	319539	75	71745	103	51
20	502216	48	312148	76	63424	104	29
21	496317	49	304662	77	55511	105	16
22	490267	50	297070	78	48057	106	8
23	484083	51	289361	79	41107	107	4
24	477777	52	281527	80	34705	108	2
25	471366	53	273560	81	28886	109	1
26	464863	54	265450	82	23680	110	0
27	458282	55	257193	83	19106		

Loi de la mortalité en France, pour des têtes choisies, suivant Deparcieux, complétée dans les premières années.

Ages	Vivants.	Ages.	Vivants.	Ages.	Vivants.	Ages.	Vivants.
0	1286	24	782	48	599	72	271
1	1071	25	774	49	590	73	251
2	1006	26	766	50	581	74	231
3	970	27	758	51	571	75	211
4	947	28	750	52	560	76	192
5	930	29	742	53	549	77	173
6	917	30	734	54	538	78	154
7	906	31	726	55	526	79	136
8	896	32	718	56	514	80	118
9	887	33	710	57	502	81	101
10	879	34	702	58	489	82	85
11	872	35	694	59	476	83	71
12	866	36	686	60	463	84	59
13	860	37	678	61	450	85	48
14	854	38	671	62	437	86	38
15	848	39	664	63	423	87	29
16	842	40	657	64	409	88	22
17	835	41	650	65	395	89	16
18	828	42	643	66	380	90	11
19	821	43	636	67	364	91	7
20	814	44	629	68	347	92	4
21	806	45	622	69	329	93	2
22	798	46	615	70	310	94	1
23	790	47	607	71	291	95	0

On trouve, au moyen de ces tables, combien, sur 1000 000, ou sur 1286 enfants que l'on suppose nés au même instant, il en reste après un an,

2 ans, 3 ans, etc., jusqu'à l'âge où il n'en existe plus.

La table de Duvillard donne une mortalité beaucoup trop rapide pour l'état actuel de la population en France. Celle de Deparcieux donne une mortalité bien moins rapide que celle de Duvillard.

Ces deux tables sont employées en France par des compagnies d'assurances sur la vie : elles se servent de la table de Duvillard pour les sommes payables au décès des assurés ; mais pour les assurances payables du vivant des assurés, telles que les rentes viagères, elles font usage de la table de Deparcieux, qui, par une mortalité plus lente que celle de Duvillard, indique une plus longue jouissance de la rente et conduit à un tarif de concession plus élevé.

139. La vie probable d'un individu d'un certain âge est égale au nombre d'années qui doivent s'écouler pour que le nombre des vivants de cet âge soit réduit à moitié.

140. Trouver, au moyen de la table de Deparcieux, combien d'individus parviennent probablement à l'âge de 20 ans, sur 970000 enfants qui naissent annuellement en France.

Sur 1286 enfants nés au même instant, il y en a 814 qui parviennent à l'âge de 20 ans, par conséquent le nombre probable des survivants à l'âge de 20 ans, sur 970000 enfants nés au même instant, est les $\frac{814}{1286}$ de 970000, ou $\frac{970000 \times 814}{1286}$

$= 613981.$

141. Trouver, au moyen de la table de Deparcieux, le nombre probable de survivants à l'âge de 60 ans

sur 1000 enfants de 10 ans.

Le nombre des vivants correspondant à 10 ans est 879, et celui des vivants correspondant à 60 ans est 463, donc le nombre probable des vivants à 60 ans est les $\frac{463}{879}$ du nombre des vivants à l'âge de 10 ans, donc sur 1000 enfants de 10 ans, il y en aura les $\frac{463}{879}$ ou $\frac{1000 \times 463}{879} = 527$, qui atteindront probablement l'âge de 60 ans.

142. Trouver, au moyen de la table de Deparcieux, le nombre d'années qu'une personne de 23 ans vivra probablement.

Le nombre des vivants de cet âge est 790 et la moitié 395 correspond à 65 ans. Comme à 65 ans une moitié de ceux qui avaient 23 ans est morte et l'autre moitié vivante, il y a également à parier pour ou contre qu'une personne de 23 ans parviendra à 65 ans. La durée de la vie probable à 23 ans est donc de 65 moins 23, ou de 42 ans.

143. Quelle est, pour un individu de 30 ans, la probabilité de vivre encore dix ans?

On trouve, dans la table de Deparcieux, que sur 734 individus de 30 ans, il en reste 657 dix ans après, ou à 40 ans. La division de ce nombre par le premier, donne pour la probabilité demandée, une fraction qui revient sensiblement à $\frac{9}{10}$. Cette probabilité est grande puisque, sur 10 individus de 30 ans, il en reste encore 9 à 40 ans.*

Problèmes à résoudre.

1. Trouver le nombre probable de survivants à l'âge de 40 ans sur 34049 enfants nés à Paris en 1853.

---

* Extrait de l'annuaire du Bureau des longitudes.

2. Trouver le nombre probable des survivants à l'age de 70 ans sur 1200 enfants de 8 ans.

3. Trouver le nombre probable des survivants à l'âge de 65 ans sur 250 personnes de 35 ans.

4. On demande le nombre d'années qu'une personne de 35 ans vivra probablement.

5. On demande le nombre d'années qu'une personne de 30 ans vivra probablement.

6. Quelle est, pour un individu de 30 ans, la probabilité de vivre encore 25 ans ?

Rentes viagères.

144. Une rente est appelée viagère lorsqu'elle doit s'éteindre à la mort de la personne qui en jouit.

Lorsqu'une personne veut se constituer une rente viagère, elle donne, soit à une autre personne, soit à une compagnie, une certaine somme qui varie suivant l'importance de la rente qu'elle veut avoir, et le temps probable qu'elle a encore à vivre. Cette rente est l'annuité que l'on doit payer pendant ce temps pour amortir le capital prêté.

Pour résoudre les problèmes relatifs aux rentes viagères, on emploie la table de mortalité de Deparcieux.

145. Une personne de 40 ans voudrait se constituer une rente viagère de 1200 francs. Quelle somme doit-elle donner à une compagnie qui prend 15 pour cent de bénéfice, l'intérêt étant à 5 pour cent par an ?

On cherche d'abord le temps probable que cette personne a encore à vivre. En opérant comme précédemment, on trouve 29 ans.

La compagnie prenant 15 pour cent de bénéfice sur chaque annuité, il en résulte que la rente

1200 francs est les $\frac{85}{100}$ de l'annuité qu'il faudrait payer chaque année, pendant 29 ans, pour amortir le capital versé. Cette annuité est donc les $\frac{100}{85}$ de 1200 francs, ou 1411 f.^{rs},77.

La question peut donc être ramenée à celle-ci : On rembourse un capital avec l'intérêt composé à 5 pour cent par an, en 29 ans, au moyen de 29 payements de 1411 f.^{rs},77 chacun, effectués à la fin de chaque année. Quel est ce capital ?

La formule (d) (131), donne, en faisant $a = 1411,77$, $r = 0,05$ et $n = 29$,

$$A = \frac{1411,77 \times (1,05^{29} - 1)}{0,05 \times 1,05^{29}} = 21375,69$$

La somme qu'il faudra donner à la compagnie est 21375 f.^{rs}, 69.

146. Une personne de 54 ans qui possède une fortune de 28000 francs veut la placer en rentes viagères. On demande le montant de la rente que devra lui payer une compagnie qui prend 12 pour cent de bénéfice, l'intérêt étant à cinq pour cent par an.

On trouve qu'une personne de 54 ans a encore probablement 18 ans à vivre.

On est donc conduit à chercher l'annuité qu'il faudrait payer pendant 18 ans pour rembourser le capital 28000 francs avec ses intérêts composés à 5 pour cent par an.

La formule (c) (130), donne, en faisant $A = 28000$, $r = 0,05$ et $n = 18$,

$$a = \frac{28000 \times 0,05 \times 1,05^{18}}{1,05^{18} - 1} = 2395,295.$$

L'annuité est donc 2395 f.^{rs}, 30. Mais la compagnie

prend 12 pour cent de bénéfice, donc le montant de la rente viagère est les $\frac{88}{100}$ de 2395 f.^{cs},30, ou 2107 f.^{cs},86.

Problèmes à résoudre.

1. Une personne de 45 ans voudrait se constituer une rente viagère de 1500 francs. Quelle somme doit-elle donner à une compagnie qui prend 18 pour cent de bénéfice, l'intérêt étant à 5 pour cent par an ?

2. Une personne de 60 ans voudrait se constituer une rente viagère de 2400 francs. Quelle somme doit-elle donner à une compagnie qui prend 15 pour cent de bénéfice, l'intérêt étant à 4 f.^{cs},50 pour cent par an ?

3. Une personne de 58 ans, qui possède une fortune de 24600 francs, veut la placer en rentes viagères. On demande le montant de la rente que devra lui payer une compagnie qui prend 16 pour cent de bénéfice, l'intérêt étant à 5 pour cent par an.

4. Une personne de 65 ans qui possède une fortune de 18000 f.^{cs} veut la placer en rentes viagères. On demande le montant de la rente que devra lui payer une compagnie qui prend 12 pour cent de bénéfice, l'intérêt étant à 5 pour cent par an

Assurances sur la vie.

147. Placer un capital sur la tête d'une personne, c'est donner ce capital à une compagnie d'assurances sur la vie pour qu'elle s'engage à remettre une certaine somme à cette personne quand celle-ci aura atteint un âge fixé d'avance. Mais à condition que si la personne assurée meurt avant cet âge, le capital sera acquis à la Compagnie, qui n'aura aucun déboursé à faire.

Pour résoudre les problèmes relatifs aux assurances sur la vie, on emploie la table de mortalité de Deparcieux.

148. Une personne place une somme de 3000 francs sur la tête d'un enfant nouveau-né. Combien la compagnie d'assurances devra-t-elle payer, sans bénéfice, si cet enfant parvient à l'âge de 25 ans, l'intérêt étant à 5 pour cent par an ?

D'après la table de mortalité de Deparcieux, sur 1286 enfants nouveaux-nés, 774 parviennent à l'âge de 25 ans.

Pour calculer la somme à payer, le cas échéant, la compagnie opère comme si 1286 enfants nouveaux-nés avaient été assurés pour 3000 francs chacun, sous condition de partager entre les survivants à l'âge de 25 ans, la somme versée $3000^{fr} \times 1286$, augmentée de ses intérêts composés pendant 25 ans.

Or, $3000^{fr} \times 1286$ placés à intérêt composé à 5 pour cent par an, valent au bout de 25 ans, $3000^{fr} \times 1286 \times 1,05^{25}$;

Le nombre probable des survivants à l'âge de 25 ans étant 774, chacun d'eux recevrait

$$\frac{3000 \times 1286 \times 1,05^{25}}{774} = 18663^{fr},66.$$

Cette somme est celle que la Compagnie doit payer, sans bénéfice, à l'enfant assuré s'il parvient à l'âge de 25 ans.

149. Si on suppose, dans le problème précédent, que la compagnie prenne, par exemple, 20 pour cent de bénéfice, la somme à payer à l'enfant assuré se réduit à

$$\frac{18663,66 \times 80}{100} = 14930^{fr},92$$

150. Une personne place 3000 francs sur la tête de son fils âgé de 14 ans. Combien la compagnie d'assurances, qui prend 15 pour 100 de bénéfice, devra-t-elle payer, s'il parvient à l'âge de 21 ans, le taux de l'intérêt étant 5 ?

D'après la table de mortalité de Deparcieux, sur 947 enfants de 4 ans, 806 parviennent à l'âge de 21 ans.

∴ En opérant d'après la méthode employée pour résoudre le problème précédent, on trouve que la compagnie, qui prend 15 pour cent de bénéfice, devra payer à l'enfant assuré, s'il parvient à l'âge de 21 ans, les $\frac{85}{100}$ de

$$\frac{3000 \times 947 \times 1{,}05^{17}}{806}, \text{ ou } \frac{3000 \times 947 \times 1{,}05^{17} \times 85}{806 \times 100} \text{ f}^{cs}$$

Problèmes à résoudre.

1. On place 8000 f.cs sur la tête d'un enfant nouveau-né. Combien la Compagnie d'assurances, qui prend 16 pour cent de bénéfice, devra-t-elle payer, si cet enfant parvient à l'âge de 20 ans, l'intérêt étant à 5 pour cent par an?

2. On place 1200 francs sur la tête d'un enfant de 6 ans. Combien la Compagnie d'assurances, qui prend 12 pour cent de bénéfice, devra-t-elle payer, si cet enfant parvient à l'âge de 30 ans, l'intérêt étant à 5 pour cent par an?

3. Une personne place une somme de 5000 francs sur la tête de son fils âgé de 2 ans. Combien la Compagnie d'assurances devra-t-elle payer, sans bénéfice, s'il parvient à l'âge de 22 ans, l'intérêt étant à 4 pour cent par an?

4. Une personne âgée de 35 ans place 4000 francs sur sa propre tête. Combien la compagnie d'assurances devra-t-elle payer, sans bénéfice, si cette personne parvient à l'âge de 60 ans, l'intérêt étant à 4 pour cent par an?

5. Une personne place 2000 f.cs sur la tête de son enfant nouveau-né. Combien la Compagnie d'assurances, qui prend 12 pour cent de bénéfice, devra-t-elle payer, s'il parvient à l'âge de 24 ans, l'intérêt étant à 5 pour cent par an?

Tontines.

151. Une tontine est une association faite entre plusieurs personnes de même âge, dans les conditions suivantes :

Chaque associé apporte une certaine somme, qui est la même pour tous, ce qui produit un capital que l'on place à intérêt. On partage cet intérêt entre les survivants à la fin de chaque année, jusqu'à ce qu'il ne reste plus qu'un seul associé qui devient dès lors possesseur du capital.

Ces conditions peuvent varier. Par exemple, on partage l'intérêt entre les survivants à la fin de chaque année, et on partage ensuite le capital entre les survivants à un âge fixé d'avance.

Ou bien, on partage le capital avec l'intérêt composé entre les survivants lorsque ceux-ci ont atteint un certain âge fixé d'avance.

152. 1000 personnes de 40 ans forment une tontine dans laquelle chaque personne apporte 2000 francs, ce qui produit un capital de 2000000 de francs. Les conditions sont telles que les survivants se partageront l'intérêt du capital à la fin de chaque année, jusqu'à ce qu'il ne reste plus qu'un seul associé qui deviendra dès lors possesseur du capital. On demande le nombre probable d'années au bout duquel le revenu individuel sera doublé.

Le revenu individuel sera doublé quand le nombre des survivants sera réduit à la moitié.

On trouve, dans la table de mortalité de Duvillard, que le nombre des vivants de 40 ans est 369404, dont la moitié 184702 correspond à peu près à 63 ans. Donc le nombre d'années demandé est 23 à moins d'une unité.

Avec la table de Deparcieux, on trouve 29 ans.

153. On trouverait de même que le revenu individuel sera triplé, quadruplé, etc., dans à peu près 29 ans, 33 ans, etc., d'après la table de Duvillard, et dans à peu près 34 ans, 37 ans, etc., d'après celle de Deparcieux.

154. 1000 personnes de 40 ans forment une tontine dans laquelle chaque personne apporte 2000 francs, ce qui produit un capital de 2000000 de francs. Les conditions sont telles que les survivants se partageront l'intérêt du capital à la fin de chaque année jusqu'à l'âge de 70 ans, où ils se partageront le capital. Quelle sera la part probable de chaque survivant ?

D'après la table de Duvillard, sur 1000 personnes de 40 ans, 319 parviennent à l'âge de 70 ans.

La part probable de chaque survivant sera donc

$$\frac{2000000}{319} = 6269^{fr},60$$

155. 1000 personnes de 40 ans forment une tontine dans laquelle chaque personne apporte 2000 francs, ce qui produit un capital de 2000000 de francs. Les conditions sont telles que les survivants se partageront, dans 30 ans, le capital augmenté de l'intérêt composé pendant ce temps. Quelle sera la part probable de chaque survivant, l'intérêt étant à 5 pour cent par an ?

Le capital 2000000 de francs vaudra après 30 ans, $2000000 \times 1{,}05^{30} = 8643884$ francs.

Le nombre des survivants étant 319, la part probable de chacun sera $\frac{8643884}{319} = 27096$ francs.

Problèmes à résoudre.

1. 400 personnes de 30 ans forment une tontine dans laquelle chacune apporte 3000 francs. Les conditions sont telles que les survivants se partageront l'intérêt du capital à la fin de chaque année, jusqu'à ce qu'il ne reste

plus qu'un seul associé qui deviendra dès lors possesseur du capital. On demande dans combien d'années le revenu individuel sera probablement doublé, triplé, quadruplé, etc.

2. 80 personnes de 35 ans forment une tontine dans laquelle chacune apporte 4000 francs. Les conditions sont telles que les survivants se partageront l'intérêt du capital à la fin de chaque année jusqu'à l'âge de 60 ans où ils se partageront le capital. Quelle sera la part probable de chaque survivant?

3. 200 personnes de 32 ans forment une tontine dans laquelle chacune apporte 800 francs. Les conditions sont telles que les survivants se partageront, dans 18 ans, le capital augmenté de son intérêt composé pendant ce temps. Quelle sera la part probable de chaque survivant, l'intérêt étant à 4 pour cent par an?

4. 40 personnes de 28 ans forment une tontine dans laquelle chacune apporte 1200 francs. Les conditions sont telles que les survivants se partageront, dans 25 ans, le capital augmenté de son intérêt composé pendant ce temps. Quelle sera la part probable de chaque survivant, l'intérêt étant à 4fr,50 pour cent par an?

Problèmes divers.

156. La population d'une ville est évaluée à 45000 âmes; elle augmente chaque année de $\frac{1}{100}$: on demande quelle sera sa valeur dans 50 ans.

Puisque la population augmente chaque année de $\frac{1}{100}$, elle sera, au bout d'un an,

$$45000 + \frac{45000}{100} = 45000 \times \left(1 + \frac{1}{100}\right);$$

au bout de 2 ans,

$$45000 \times \left(1 + \frac{1}{100}\right) \times \left(1 + \frac{1}{100}\right) = 45000 \times \left(1 + \frac{1}{100}\right)^2;$$

au bout de 3 ans, $45000 \times \left(1+\frac{1}{100}\right)^3$;

---

au bout de 50 ans, $45000 \times \left(1+\frac{1}{100}\right)^{50}$.

Donc, si on représente par A la valeur demandée, on aura

$$A = 45000 \times \left(1+\frac{1}{100}\right)^{50};$$

et, par logarithmes

$$\log A = \log 45000 + 50 \log\left(1+\frac{1}{100}\right).$$

157. En général, soit a la population, A sa valeur au bout de n années, m l'augmentation annuelle sur 100 individus, on a

$$\log A = \log a + n \log\left(1+\frac{m}{100}\right) \quad (a)$$

$$\log a = \log A - n \log\left(1+\frac{m}{100}\right) \quad (b)$$

$$\log\left(1+\frac{m}{100}\right) = \frac{\log A - \log a}{n} \quad (c)$$

$$n = \frac{\log A - \log a}{\log\left(1+\frac{m}{100}\right)} \quad (d)$$

158. La population d'une ville s'est augmentée chaque année de 4 individus sur 450, terme moyen; elle est actuellement de 65000 âmes: on demande quelle était sa valeur il y a 30 ans. (Formule b, 157).

159. La population d'une ville est de 55600 âmes; il y a 20 ans, elle était de 42300: on demande quelle est l'augmentation annuelle sur 100 individus. (Formule c, 157).

160. La population d'une ville est évaluée à 25400 âmes; elle augmente chaque année de 0,83 pour cent: dans combien d'années sera-t-elle doublée? (Formule d, 157).

161. Les populations de deux villes sont évaluées, l'une à 35000 âmes, l'autre à 50000; la première augmente chaque année de 1 pour cent, et la seconde, de 0,84 pour cent. On demande dans combien d'années les deux populations seront égales.

Soit n ce nombre d'années. La population de la première ville sera, au bout de n années, $35000 \times \left(1+\frac{1}{100}\right)^n$, et celle de la seconde, $50000 \times \left(1+\frac{0,84}{100}\right)^n$;

et comme, après ce temps, les deux populations doivent être égales, on a

$$35000 \times \left(1+\frac{1}{100}\right)^n = 50000 \times \left(1+\frac{0,84}{100}\right)^n$$

$$\left(1+\frac{1}{100}\right)^n = \frac{50000}{35000} \times \left(1+\frac{0,84}{100}\right)^n$$

$$\frac{\left(1+\frac{1}{100}\right)^n}{\left(1+\frac{0,84}{100}\right)^n} = \frac{50000}{35000}$$

$$\left(\frac{1+\frac{1}{100}}{1+\frac{0,84}{100}}\right)^n = \frac{50000}{35000},$$

et, par logarithmes,

$$n\left[\log\left(1+\frac{1}{100}\right) - \log\left(1+\frac{084}{100}\right)\right] = \log 50000 - \log 35000$$

$$n = \frac{\log 50000 - \log 35000}{\log\left(1+\frac{1}{100}\right) - \log\left(1+\frac{0,84}{100}\right)}.$$

162. Trouver la somme de tous les nombres entiers depuis 1 jusqu'à 10000.

Ces nombres forment une progression par différence dans laquelle le premier terme est 1, le dernier,

10000, et le nombre des termes, 10000. La somme demandée étant représentée par S, on a (40),

$$S = \frac{(1+10000)\times 10000}{2}.$$

163. L'inventeur du jeu d'échecs demanda, pour sa récompense, 1 grain de blé pour la première case de l'échiquier, 2 pour la deuxième, 4 pour la troisième, 8 pour la quatrième, et ainsi de suite, en doublant toujours, jusqu'à la soixante-quatrième et dernière case. Combien de grains de blé en tout ?

Le nombre demandé est la somme des termes d'une progression par quotient dont le premier terme est l'unité, le dernier, 2^{63} et la raison 2. Soit S cette somme, on a (49),

$$S = \frac{(2^{63}\times 2)-1}{2-1} = 2^{64}-1.$$

Fin.

Table des matières.

Choix de problèmes donnés dans les Examens pour le baccalauréat ès-sciences.

1. Un convoi parti à $8^h. 20^m$ du matin d'une des extrémités d'un chemin de fer de 471 Kilomètres doit mettre $16^h. 40^m$ pour atteindre l'autre extrémité; on veut qu'un second convoi, partant à $9^h. 40^m$ rejoigne le premier à 356 Kilom. du point de départ. Quelle doit être la vitesse moyenne de ce second convoi?

2. Les décimes que l'on fabrique actuellement pèsent 10 grammes et sont composés d'un alliage de 0,95 de cuivre, 0,04 d'étain, et 0,01 de zinc; la densité du cuivre est 8,85; celle du zinc, 7,19, et celle de l'étain, 7,29. Combien faudrait-il de ces pièces pour fournir le métal nécessaire à la fabrication d'un boulet sphérique de $0^m,25$ de diamètre à la température de 0°?

3. Le volume d'un cylindre est 12 mèt. cub.; la hauteur 3 mèt.,75. Trouver le rayon de la base.

4. La plus grande pyramide d'Egypte a 146 mètres de hauteur; sa base est un carré dont le côté a 237 mètres. Le sommet du Panthéon est à 79 mèt. au-dessus du pavé. On imagine un prisme droit dont la base carrée aurait pour côté la hauteur du Panthéon, et dont l'élévation serait celle de la pyramide et du prisme. On demande de comparer le volume de la pyramide et du prisme.

5. Un creuset en forme de tronc de cône dont le fond a 0 mèt.,04 de diamètre, le bord supérieur 0 mèt.,07 de diamètre, et la hauteur 0 mèt.,10, contient du métal en fusion dont la surface supérieure a 0 mèt.,06 de diamètre; on veut

couler ce métal dans un moule sphérique. Quel devrait être le rayon du moule, pour que le métal le remplît exactement ?

6. Calculer en hectolitres la capacité d'une cuve cylindrique dont le diamètre intérieur est de 1 mèt., 34, et dont la profondeur est de 0 mèt., 68.

Si on y versait 425 litres d'eau, à quelle hauteur monterait le liquide ?

7. Trouver la hauteur d'une pyramide régulière à base carrée, sachant que la surface de la base est égale à 6 mèt., 7483, et que la longueur des arêtes est de 3 mèt., 89.

8. Calculer le poids d'un obélisque ayant la forme d'un tronc de pyramide à base carrée, dont les côtés sont 0 mèt., 72 et 2 mèt., 4 ; la hauteur 48 mèt. ; la densité de la matière 2,68.

9. On donne un cylindre dont le rayon est $0^m,25$; on y verse 30 Kilog. de mercure, dont la densité est 13,6 et 6 Kilog. d'alcool, dont la densité est 0,79. A quelle hauteur s'élèveront ces deux liquides ?

10. On veut faire avec du taffetas verni qui pèse 250 grammes le mètre carré, un ballon propre à contenir 904 mèt. cub., 78 de gaz hydrogène. On demande le poids du taffetas employé.

11. Étant donné un cône tronqué dont la hauteur est H, le rayon de la base supérieure 4 mèt., celui de la base inférieure 22 mèt., trouver le rayon d'un cylindre de même hauteur H, dont le volume est équivalent à celui du cône.

12. Trouver un cylindre de la contenance d'un hectolitre, dont la hauteur soit égale au diamètre de la base.

13 Un verre à vin de Champagne, de forme conique, a intérieurement $0^m,06$ de diamètre

au bord; il a été rempli complètement de mercure, d'eau et d'huile, dans une proportion telle que la couche formée par chacun de ces liquides a 0,m05 d'épaisseur. On sait que la densité du mercure est 13,596, celle de l'huile employée 0,915, celle de l'eau étant prise pour unité. Calculer le poids du mercure, de l'eau et de l'huile, en négligeant l'influence de la température sur la densité de ces liquides.

14. Un rouleau cylindrique de bois de chêne a 0 mèt., 3 de diamètre et 2 mèt., 50 de longueur, le poids spécifique du chêne est 1,17. On demande le volume et le poids du rouleau.

15. Une machine soufflante lance 14 Kilog. d'air par minute; cette machine se compose d'un cylindre dont le diamètre intérieur est de 0 mèt., 75, la course du piston est de 0.m 50, de telle sorte que chaque coup de piston lance un volume d'air égal à celui d'un cylindre de 0 mèt., 50 de hauteur et de 0 mèt. 75 de diamètre. Combien dure chaque coup de piston? (On sait que le mètre cube d'air pèse 1298 grammes).

16. On veut construire une digue en granit, longue de 750 mèt., haute de 3 mèt., 50 et large de 5 mèt., 75 à la base et de 4 mèt., 20 au sommet. Un mètre cube de granit pèse 2500 Kilogrammes, et le prix du Kilogramme est de 0 f., 03. On demande le prix de la digue.

17. Supposant que la terre est sphérique et sachant que le mètre est la 10 000 000.e partie du quart du méridien terrestre, trouver le rayon, la surface et le volume de la terre.

18. Le poids de l'air atmosphérique étant $\frac{1}{770}$ du poids de l'eau, déterminer le poids de

[illegible] contenue dans un cylindre dont la circonférence de la base est de 1m,3, et la hauteur 0m,8.

19. On a un vase cylindrique dont le diamètre intérieur est de 0m,1; le vase étant placé sur un plan horizontal par son fond circulaire, on verse 12 kilogrammes de mercure. On demande à quelle hauteur le liquide s'élèvera; on prend pour densité du mercure 13,596.

20. Une pyramide triangulaire dont la base a ses trois côtés de 13, 14 et 15 mètres respectivement, et dont la hauteur est de 16 mètres, étant coupée par un plan parallèle à la base et distant du sommet de deux mètres, on demande le volume du tronc de pyramide.

21. Le poids spécifique du mercure est 13,59 à 0. On demande quel est à 100° le volume de 40 kilog. de ce corps, le coefficient de dilatation cubique du mercure étant $\frac{1}{5550}$.

22. Un cône droit est donné dont la hauteur est de 20 mètres, et dont le volume est de 387 mètres cubes. A quelle distance du sommet faut-il mener un plan parallèle à la base pour en lever un cône dont le volume soit de 95 mètres cubes?

23. Quel est le diamètre d'un fil de platine qui pèse 27 grammes par mètre de longueur? On prendra pour densité du platine 21,53.

24. Quel est le diamètre d'un fil d'or qui pèse 26 grammes par mètre de longueur? On prendra pour densité de l'or 19,26.

25. S'il faut un centimètre cube d'or pour dorer la surface latérale d'un cylindre ayant 0 mèt., 75 de hauteur et 0 mèt., 2 de rayon, quelle sera l'épaisseur de la couche d'or?

26. Un kilogramme d'un corps solide occupe

1 litre à la température de 15°,4. On demande le volume à 0° et à 27°,7. Le coefficient de dilatation de ce corps est $\frac{1}{8500}$.

27. La longueur d'un degré pris sur un certain cercle est de 872 mèt. 21. Quelle sera la longueur d'un arc de 37° 25' 30"?

28. La dilatation du fer, par chaque degré d'augmentation de température est de 0,0000122 de la longueur mesurée à 0°. Quelle sera, à la température de 60°. la surface d'un disque circulaire de tôle, qui, à la température de 0° avait 2 mèt.,75 de diamètre?

29. Le côté d'un cône est de 28 mèt.,5; la surface de la base est de 6 mètres carrés. On demande de calculer la surface du cercle dont le plan est distant de 2 mètres,75 du plan de la base.

30. Un vase cylindrique vertical, dont le fond est un cercle horizontal de 5 centimètres de rayon intérieur, est en partie rempli par de l'eau à 4° pesant 4 kilogrammes. On y plonge une boule sphérique de 3 centimètres de rayon; il arrive que l'eau monte exactement jusqu'au bord du vase. Quelle est la hauteur de ce vase?

31. On plonge dans un liquide, dont la température est 0°. un cylindre en fer dont le rayon est de 5 centimètres et la hauteur de 2 décimètres. Le cylindre ainsi plongé pèse 9 kilogrammes. Quelle est la densité du liquide? On prendra pour la densité du fer 7,788.

32. Calculer les poids de l'oxigène et de l'azote contenus dans l'air d'une pièce qui a la forme d'un parallélipipède rectangle, dont les trois

dimensions sont 3 mètres, 3m.50, 4 mètres.

L'air est supposé à 0°, la pression atmosphérique étant 0m.76. On négligera l'acide carbonique de l'air, et l'on prendra pour la densité de l'oxigène 1,1026, pour celle de l'azote 0,9757.

33. Un tuyau cylindrique en bronze a 0m.75 de long, 0 mèt., 30 de diamètre à l'intérieur et ses parois ont 0m.08 d'épaisseur. La densité du bronze est 8 mèt., 46. On demande le poids de ce tuyau quand il est vide et quand il est plein d'eau à la température de 0°.

34. Le poids spécifique du mercure étant 13,59 à 0°, on demande quel est à 85° le volume de 30 Kilog. de ce métal. On prendra pour coefficient de dilatation cubique du mercure $\frac{1}{5550}$.

35. On donne trois cubes : le premier a 3 mètres, le second 4 mètres et le troisième 5 mètres. On demande quel sera le côté d'un quatrième cube dont le volume soit égal à la somme des volumes des trois cubes donnés.

36. La surface d'un carré est égale à 5 hect., 875 centiares. On propose de calculer à un centimètre près le côté du carré.

37. Calculer le rapport d'un arc de 321° 21′ à un arc de 27° 21′ 11″ pris sur la même circonférence.

38. La hauteur d'un tronc de cône est h ; les diamètres de ses deux bases sont 4 décam. et 22 décim. On demande quel diamètre il faudrait donner à un cylindre de même hauteur h, pour que son volume fût équivalent à celui du cône tronqué.

39. Les bénéfices de l'exploitation d'une mine

de houille se partageint également tous les ans entre 20 actions. De deux frères auxquels cette mine appartient, l'aîné avait 11 de ces actions, le cadet les neuf autres. Le premier a laissé 16 enfans, le deuxième 13. Deux parts d'héritage sont en vente: une dans chaque succession; elles sont offertes au même prix. On demande quelle est celle des deux parts dont l'acquisition serait la plus avantageuse.

40. L'air pèse $\frac{1}{770}$ du poids de l'eau. On demande quel est le poids de l'air contenu dans un cylindre dont la hauteur est de 2 mèt., 40 et la circonférence de la base 0 mèt., 9; on ne tiendra pas compte de la température.

41. Calculer en hectares la surface d'un hexagone régulier dont le côté a une longueur de 235 mètres.

42. On donne un cylindre de fer du poids de 41 Kilog.; la hauteur est de 2 mèt. 50; la densité du fer est de 7,788. On demande le diamètre du cylindre.

43. On fabrique avec de l'or dont la densité est 19,362, des feuilles qui ont dix millièmes de millimètre d'épaisseur. Quelle surface pourrait-on couvrir avec 5 grammes d'or?

44. Etant donnée une sphère de cuivre de 0 mèt., 18 de rayon, creuse, contenant une sphère de platine de 0 mèt., 05 de rayon, de telle sorte qu'il n'y ait aucun vide entre les deux sphères, la densité étant pour le platine 21,53 et pour le cuivre 8,85; calculer le poids de la masse ainsi formée.

45. Les rayons des deux bases d'un tronc de cône sont 3 mèt., 5 et 7 mèt., 3, et la hauteur

du tronc 2 mètres. On demande la surface et le volume du cône entier.

46. Calculer le poids de la quantité de terre qui pourra être placée sur un tombereau dont la caisse présente à l'extérieur les dimensions suivantes : 0m,75, longueur au fond 1m,35, et au bord supérieur 1m,52 ; largeur au fond 0m,62 et au bord supérieur 0m,86. Cette caisse est à fond plat et remplie de terre à ras de bord ; enfin la densité de la terre transportée égale 2,68.

47. Un bassin a son fond horizontal ; sa paroi verticale est un prisme ayant pour base un octogone régulier dont le côté est de 10 mètres, la hauteur d'eau est de 0m,75. On demande de calculer à une unité près le nombre de mètres cubes d'eau que contient ce bassin.

48. Une sphère de platine pèse dans l'air 84 grammes ; on la pèse dans le mercure et on trouve que son poids n'est plus que de 22 G., 6. On demande la densité du platine, la densité du mercure étant 13,6.

49. On demande le prix d'un tuyau de conduite en fonte dont le diamètre intérieur est 0m,245, l'épaisseur moyenne 0m,014, la longueur 2134 mètres ; on prendra pour densité 7m,207, et pour valeur de la fonte 0fc,20 le kilog.

50. Une sphère, un cylindre et un cône droit ayant été façonnés avec des masses égales d'une terre glaise bien homogène, on admet que ces trois corps ont des côtés équivalents ; de plus la sphère, la base du cylindre et celle du cône ont des diamètres égaux entre eux et à 3 décim. On demande

la hauteur du cylindre et du cône.

51. Une machine à vapeur a consommé, en 103 jours de travail 851950 kilogrammes de charbon; un perfectionnement apporté à sa construction permet, en obtenant la même force, de ne brûler que 2860 kilogrammes, en 37 heures. Trouver l'économie annuelle de charbon due à ce perfectionnement, en supposant 330 jours de travail par an, et le prix du charbon de 3 f.^{cs}, 75 les 100 kilogrammes.

52. Un fil cylindrique en argent de 0.^{m}, 0015 de diamètre pèse 3 grammes, 2875; on veut le recouvrir d'une couche d'or de 0.^{m}, 0002 d'épaisseur. On demande quel sera le poids de l'or ainsi employé, sachant que la densité de l'argent est 10, 47, celle de l'or 19, 26.

53. On a un bloc de basalte qui a la forme d'un prisme dont la base est un hexagone régulier; le rayon est de 0.^{m} 63, la hauteur 3 mètres, 45; la densité du basalte est 2, 85. On demande le poids de ce bloc.

54. Un boulet de fonte pèse 12 kilogrammes; la densité de la fonte étant 7, 35, trouver son rayon, et le poids de l'or nécessaire pour former autour de ce boulet une couche d'or de 0,^{m}0006 d'épaisseur, la densité de l'or étant 19, 26.

55. Un morceau de cuivre de forme cubique et du poids de 1 kilog., 75 est placé sur un tour et réduit à une sphère dont le diamètre est égal à 0, 75 de la longueur du côté du cube primitif; la densité du cuivre est 8, 85. Calculer le poids de la tournure de cuivre qu'on a obtenue.

56. On a un cône dont la hauteur égale 10 mètres; le rayon de la base égale 5 mètres. On

demande à quelle distance de la base il faudrait mener un plan parallèle à cette base, pour que le volume du tronc fût égal à 20 mètres cubes.

57. On emploie comme mesure de litre un vase cylindrique dont la hauteur est deux fois plus grande que le diamètre de la base; le vase est en zinc, dont la densité est de 7,19, et les parois du vase ont 0,m 005 d'épaisseur. On demande le poids du vase.

58. Une cuve cylindrique à fond plat et horizontal a 1 mèt., 30 de diamètre et 0.m,75 de hauteur, mesurée à l'intérieur; elle est à moitié pleine d'eau à la température de 4°. et on chauffe ce liquide en y faisant arriver de la vapeur à 100° de température fournie par 5 Kilog., 25 d'eau. On demande quelle sera la température du bain ainsi chauffé et quel en sera le volume; on négligera la température du vase, et on prendra pour coefficient de dilatation de l'eau $\frac{1}{2200}$.

59. On donne un cylindre en fonte dont le diamètre de la base est égal à 0.m, 568 et la hauteur à 2 mèt., 739. On demande de calculer le volume et le poids, sachant que la densité de la fonte est 7,207.

60. On a deux triangles équilatéraux dont les côtés sont: pour le premier 43.m 57, pour le deuxième, 68.m 35. On demande de calculer à un centimètre près le côté d'un troisième triangle équilatéral dont la surface serait égale à la somme des surfaces des deux premiers.

61. On demande quel rayon on doit donner à la base d'un cône sachant que la hauteur est égale à 3 mètres, et que le volume doit être égal à 1 stère.

62. On donne un cône : le rayon de la base est 4 mètres, la hauteur 6 mètres ; on fait à une distance de 2 mètres du sommet, une section parallèle à la base. Trouver la surface latérale du tronc de cône ainsi obtenu.

63. Une lame triangulaire de cuivre de $0^m,005$ d'épaisseur et de $1^m,25$ de côté a été recouverte d'une couche d'argent de $0^m,00015$ d'épaisseur ; la densité du cuivre est de 8,95, celle de l'argent de 10,47. On demande le poids de la lame ainsi argentée.

64. Les frais nécessaires pour extraire le cuivre d'un quintal de minérai, s'élèvent à 5f^{rs},75 ; on achète une certaine quantité de minérai, dont la teneur en cuivre est 12 pour cent, au prix de 18 francs le quintal. Le cuivre perdu dans l'opération s'élevant à $\frac{2}{100}$ de celui que le minérai contient, à quel prix reviendra le quintal de cuivre ?

65. Quel est le diamètre d'un fil de platine qui pèse 28 grammes par mètre de longueur ? On sait que la densité du platine est 22,06.

66. Un terrain a la forme d'un trapèze isoscèle dont les faces sont égales à 100 mètres et 40 mètres et le côté à 50 mètres. On demande 1° la surface de ce terrain en ares ; 2° la surface du terrain triangulaire qu'on obtiendrait en ajoutant au trapèze le triangle partiel formé par le concours des côtés non parallèles.

67. On a un vase cylindrique dont le diamètre intérieur est de $0^m,175$. Le vase étant posé sur un plan horizontal par son fond circulaire, on y verse 21 kilog. de mercure dont la densité

est de 13 ; on demande à quelle hauteur le liquide s'élèvera.

68. Le minérai d'une usine à plomb contient 23 pour cent de ce métal ; le plomb que l'on en retire contient lui-même 0,003 d'argent : les produits divers forment une valeur annuelle de 1795000 francs. Chercher combien il y a d'argent produit et combien de plomb. Chercher aussi quelle a été la quantité de minérai traitée dans l'usine. On supposera que la perte en plomb produite par les diverses opérations est 10 pour cent, la perte en argent regardée comme nulle. Le prix du plomb est de 55 francs les 100 kilogrammes, celui de l'argent pur est de 222 fr. 22 le kilogramme.

[illegible] l'Ecriture Anglaise

PARIS,

MALLET-BACHELIER,

Imprimeur-Libraire,

www.ingramcontent.com/pod-product-compliance
Ingram Content Group UK Ltd.
Pitfield, Milton Keynes, MK11 3LW, UK
UKHW012048240726
13965UKWH00003B/1125

9 782013 056809